프란시스 쉐퍼 시리즈
제22권

A Christian Manifesto

기독교 선언

김진홍 옮김

Francis A. Schaeffer

생명의말씀사

A Christian Manifesto
by Francis A. Schaeffer

Copyright ⓒ 1981 by Francis A. Schaeffer
This Korean edition copyright ⓒ 1995 by Word of Life Press, Seoul, Korea.
Translated and published with permission of Crossway through rMaeng2.
All rights reserved.

이 한국어판의 저작권은 알맹2를 통하여 Crossway와 독점 계약한 생명의말씀사에 있습니다.
신저작권법에 의하여 한국 내에서 보호받는 저작물이므로 무단전재와 무단복제를 금합니다.

프란시스 쉐퍼 시리즈 제22권
기독교 선언
ⓒ 생명의말씀사 1995

1995년 4월 20일 1판 1쇄 발행
2024년 11월 22일   4쇄 발행

펴낸이 | 김창영
펴낸곳 | 생명의말씀사

등록 | 1962. 1. 10. No.300-1962-1
주소 | 서울시 종로구 경희궁1길 6 (03176)
전화 | 02)738-6555(본사) · 02)3159-7979(영업)
팩스 | 02)739-3824(본사) · 080-022-8585(영업)

인쇄 | 주손디앤피
제본 | 주손디앤피

ISBN 978-89-04-04039-1 (04230)
ISBN 978-89-04-18028-8 (전22권)

저작권자의 허락 없이 이 책의 일부 또는 전체를
무단 복제, 전재, 발췌하면 저작권법에 의해 처벌을 받습니다.

기독교
선언

헌사

 억압적이고 독재적인 시민 권력과 교회 권력에 맞서 "내가 여기 있나이다"고 말했던 모든 사람들에게 이 책을 바친다.
 그들 가운데는 산헤드린 앞에서 "하나님 앞에서 너희 말 듣는 것이 하나님 말씀 듣는 것보다 옳은가 판단하라"(행 4 : 19)고 말한 베드로와 요한이 있다.
 그들 가운데는 하나님을 섬길 것인가 아니면 인간을 섬길 것인가를 결정해야 했던 16세기 종교개혁자들도 있다.
 그리고 무엇보다도 사무엘 러더퍼드(Samuel Rutherford)에게 이 책을 바친다. 그는 여러 해 동안 나에게 큰 의미를 던져주었는데, 내가 그러면 우리는 어떻게 살 것인가(*How Should We Then Live* ?)라는 책과 필름의 자료들을 연구하면서부터 더욱 그러했다. 그 당시 나는 점점 더 사무엘 러더퍼드의 법이 곧 왕이다(*Lex Rex*)라는 저서가 우리 시대의 문제를 해결할 수 있는 중요한 실마리라고 이해하게 되었다. 내가 성 앤드류 대학에서 강의하던 시절 중 가장 기억에 남는 것은 사무엘 러더퍼드가 그리 멀리 떨어져 있지 않다는 느낌이었다. 그 옛날 이 대학의 총장이었던 그는 아주 가까이 있었으며, 바로 우리와 같은 시대에 있다고 느껴졌다!

서문

이 책은 이미 간행된 나의 다른 책들과 자연스럽게 연결되어 나온 것이다. 아주 초기의 작품들인 거기 계시는 하나님(*The God Who Is There*), 이성에서의 도피(*Escape From Reason*) 그리고 거기 계시며 말씀하시는 하나님(*He Is There and He Is Not Silent*)은 삶의 전반에—철학, 신학과 교회, 미술, 음악, 문학, 영화와 문화 전반에—대한 그리스도의 주 되심을 다루었다. 그 다음에 나온 책들은 삶의 전반에 대한 그리스도의 주 되심을 보다 영역을 넓혀서 다루었으며, 내 아내 에디스의 책들도 그 영역을 넓히고 확대하는 데 도움을 주었다.

가장 최근에 펴낸 책들과 그에 따르는 필름 시리즈에서, 나와 이 일을 함께 하는 모든 사람들은 삶의 모든 영역에서 그리스도의 주 되심을 보다 더 깊이있게 다루었다. 그러면 우리는 어떻게 살 것인가?(*How Should We Then Live?*)는 역사의 영역과 또한 사회와 정부와 법에 밀어닥친 변화들을 다루었다. 에버리트 쿠프(C. Everett Koop) 박사와 함께 집필하고 필름을 만든 낙태, 영아 살해, 안락사에 대한 그리스도인의 자세(*Whatever Happened to the Human Race?*)는 현대의 자의적인 법과 인본주의적 의학이 인간의 생명이라는 중차대한 문제를 어떻게 취급하고 있는가를 다루었다.

그 책은 그 다음 단계를 요구하게 되었다. 정부와 법과 시민 **불복종**에 대한 그리스도인의 입장은 어떤 것인가?

이런 시점에서 자기 가족과 함께 라브리에 공부하러 와 있었던 제리 님스(Jerry Nims)가 이런 문제들에 관해 핵심을 찌르는 질문들을 제기하기 시작하였다. 우리들은 오랫동안 대화를 나누었고, 님스는 나의 대답들을 책으로 펴내달라고 요청하였다. 그런 요청이 없었더라면 이 책은 나오지 않았을 것이다.

그 때에 프랭키 쉐퍼(Franky Schaeffer) 5세가 작업에 참여하여, 오랜 기간의 토론을 거쳐 처음 쓴 원고에 새로운 사상들과 개념들을 덧붙이고 또 기본적인 출판 프로그램을 함께 작성하였다.

바로 이 기간에 프랭키와 짐 부흐퓌러(Jim Buchfuehrer), 에디스와 나는 "프랭키 쉐퍼 5세 프로덕션"에서 낼 새로운 필름 시리즈인 세상의 개혁(*Reclaiming the World*)을 준비하고 있었다. 프랭키와 제레미 잭슨(Jeremy Jackson) 박사, 에디스와 내가 카메라 앞에서 오늘날 당면한 문제들에 관하여 토론하였을 때, (다른 많은 주제들 가운데서) 국가와 법에 대한 그리스도인의 입장이 정립되었다.

그 후에 변호사인 존 화이트헤드(John Whitehead)가 귀중한 몇 가지 생각과 제안을 해주었는데, 이것에 대해 매우 고맙게 생각하고 있다.

마침내 1981년 4월 24일 사우스벤드(South Bend)에서 열렸던 "기독교 법조인 대회"(Christian Legal Society Conference)에서 했던 강의를 기초로 이 책의 골격이 잡혔다. 강의 후 토론 시간에 참석한 변호사들과 나눈 이야기가 내 생각을 더욱 자극하였다. 그 강연 이래로 나는 많은 법률 개론서와 특별한 소송 사건들의 기록을 읽었다. 내가 그 회의에서 행한 연설이 보강되어 현재의 이 책이 되었는데, 이 책은 그 분야에 관하여 여러 해 동안 책을 읽고 생각한 모든 내용들과 특별히 지난 해에 수집한 자료, 그리고 앞서 언급했던 자료들을 모두 포함하고 있다.

이 책은 이론서가 아니라 선언서로 쓴 것이다.
더 깊이 연구하고 싶은 사람은 본문에서 언급한 책과 필름 시리즈를 참고하길 바란다. 이 책의 끝에 그 목록을 실었다. "프랭키 쉐퍼 5세 프로덕션"에서 만든 제2의 미국 혁명(*The Second American Revolution*)이라는 필름이 특히 도움이 될 것이다.
도움이 되는 책들이 많이 있겠지만, 특히 다음 책들을 추천한다.

존 화이트헤드의 제2의 미국 혁명(*The Second American Revolution*) — 인본주의가 서구를 지배하게 된 근본 이유들을 상세하게 설명하고 있는데, 특히 미국의 법원과 정부에서 독재적 엘리트가 출현하게 된 사실에 초점을 맞추고 있다. 또한 이 책은 국가의 비성경적 행동에 대한 그리스도인의 저항을 논의하고 있다.

제레미 잭슨의 **다른 토대는 없다**(*No Other Foundation*) — 건실한 교회사 연구서로서, 단순히 메마른 사실을 나열하고 있는 것이 아니라, 과거의 역사를 오늘날의 교회가 당면하고 있는 문제를 해결하기 위하여 배워야 할 교훈과 연결하고 있다.

프랭키 쉐퍼 5세의 **범용에의 탐닉**(*Addicted to Mediocrity*) — 거짓되고 비성경적인 경건주의가 낳은 왜곡된 문화관에 대하여 실제적으로 논의하고 있다.

이 책에 담겨있는 균형잡기 어려운 많은 내용들을 민감하게 지적해 준 아내 에디스와 적극적인 비평을 가해준 우도 미들만(Udo

Middelmann), 그리고 세세한 역사적 사실에 관하여 도움을 준 제레미 잭슨에게, 그리고 출판사의 마감시간에 맞출 수 있도록 도와준 짐 잉그람(Jim Ingram)과 게일 잉그람(Gail Ingram)에게 감사의 말을 꼭 전하고 싶다.

프란시스 쉐퍼

목 차

헌사 ·· 5
서문 ·· 7

제 1 장 　진리와 도덕의 폐지 ····························· 15
제 2 장 　신앙과 자유의 토대들 ·························· 28
제 3 장 　신앙과 자유의 파괴 ····························· 37
제 4 장 　인본주의 종교 ······································ 48
제 5 장 　부흥, 혁명, 그리고 개혁 ······················· 58
제 6 장 　열린 창문 ··· 67
제 7 장 　시민 복종의 한계 ································· 82
제 8 장 　시민 불복종의 사용 ····························· 94
제 9 장 　무력의 사용 ·· 105
제10장 　가르침으로, 삶으로, 행동으로 ············ 118

참고문헌 ·· 124

공산당 선언 1848
인본주의 선언 I 1933
인본주의 선언 II 1973

제 1 장
진리와 도덕의 폐지

 지난 80여 년 동안 이 나라의 그리스도인들이 사회와 정부와 관련하여 가지고 있던 기본적인 문제는, 사물을 전체적으로 보는 대신에 부분적으로 보아왔다는 점이다.
 그들은 성 개방에서부터 포르노그라피, 공립학교, 가정의 붕괴, 궁극적으로는 낙태 문제에 이르기까지 점점 더 혼란스럽게 되었다. 그러나 그들은 이것을 포괄적으로, 즉 각 문제는 보다더 큰 문제의 한 부분이며 한 증상이라는 시각으로 보지 않았다. 그들은 이 모든 것이 세계관의 변화, 즉 사람들이 세계와 인생 전체를 바라보고 생각하는 방식 전반에 있어서 근본적인 변화가 일어났기 때문이라는 사실을 깨닫지 못하였다. 이 변화는 사람들(그들 개개인이 그리스도인은 아니었다고 할지라도)의 기억에 적어도 막연하게나마 기독교적이었던 세계관으로부터, 완전히 다른 어떤 것, 즉 궁극적 실재가 비인격적인 우연에 의하여 오늘날의 모습을 갖게 된 비인격적인 물질이거나 에너지라는 사상에 기초를 둔 세계관으로의 변화였다. 이 세계관이 그 이전에 미국을 포함한 북유럽 문화를 지배했었던 세계관, 즉 비록 각 사람이 개인적으로 그리스도인은 아니었지만 적어도 기억 속에서 기독교적이었던 세계관의 자리를 대신 차지했다는 사실을 그들은 깨닫지 못하였다.

이 두 세계관은 그 내용 전반에 있어서 완전히 상반되며 또한 자연히 그 결과—사회학적인 결과들과 정치적인 결과, 특히 법률을 포함하여—에서도 완전히 다르다.

이것은 이 두 세계관이 단지 실재와 실존의 본성을 이해하는 방법에 있어서만 다르다는 말이 아니다. 필연적으로 이 두 세계관은 서로 전혀 다른 결과를 내놓는다. 여기에서 가장 중요한 단어는 필연적으로라는 말이다. 이 말은 단순히 이 두 세계관이 어쩌다가 우연히 서로 다른 결과를 낳는 것이 아니라, 그 두 세계관이 서로 다른 결과를 낳는 것은 절대적으로 필연적이라는 말이다.

왜 그리스도인들은 이 사실을 그렇게 늦게서야 깨닫게 되었는가? 여러 가지 이유들이 있지만, 핵심적인 이유는 기독교에 대한 견해에 결함이 있었기 때문이다. 이런 결함 있는 견해의 뿌리는 17세기에 스페너(P. J. Spener)가 지도하였던 경건주의 운동에 있다. 경건주의는 지나치게 추상화되고 형식주의에 빠진 당시의 기독교에 대한 건전한 항의로 출발하였다. 그러나 경건주의는 결함이 있는 "플라톤주의적" 영성을 가지고 있었다. 즉 "정신"세계와 "물질"세계를 뚜렷하게 구분하여, 물질세계를 거의 혹은 전혀 중요시하지 않는다는 점에서 경건주의는 플라톤주의적이다. 경건주의는 인간 실존의 총체성을 적절하게 다루지 않았다. 경건주의는 특히 기독교의 지적인 차원을 무시하였다.

기독교와 영성은 삶의 다른 영역들과는 무관한 작은 한 영역이 되었다. 경건주의적 사고는 실재의 총체성을 무시하였다. 물론 아무리 올바른 교리라고 하더라도 기독교가 단순히 일련의 교리들로만 이루어진 것이 아니라는 점에 있어서 그리스도인들은 경건주의자임에 틀림없다고 먼저 말해 두어야겠다. 모든 교리는 어떤 방식으로든 우리의 삶에 영향을 미치고 있다. 그러나 경건주의의 결함과 그로 말미암은 플라톤주의적 견해는 실제로 많은 사람들의 개인적인 삶에서뿐만 아니라 우리의 문화 전체에서도 비극이 되어 왔다.

참된 영성은 실재의 모든 것을 포괄한다. 성경은 절대적으로 죄악된 것들-하나님의 성품에 일치하지 않는 것들-이 있다고 말한다. 그러나 이런 것들과는 별개의 문제로 그리스도의 주 되심은 삶의 모든 것을 포괄한다. 참된 영성은 삶의 모든 부분을 포괄할 뿐만 아니라 삶의 다양한 모든 부분을 동등하게 포괄한다. 이런 의미에서 실재와 관련하여 영적이지 않은 것은 아무것도 없다.

내가 "기독교는 참되다, 진리(Truth)이다"고 말할 때, 많은 그리스도인들이 그 의미를 깨닫지 못하는 것도 이 문제와 연관되어 있는 것 같다. 그들도 그리스도인들로서 창조, 동정녀 탄생, 그리스도의 기적과 대속의 죽음, 그리스도의 재림을 믿는다. 그러나 그들은 이러한 개별적인 사실들에서 멈춘다.

내가 기독교는 참되다고 말할 때 그 의미는 기독교의 모든 실재가 참되다는 말이다. 즉 기독교의 핵심적인 실재인 인격적이며 무한하신 하나님께서 객관적으로 존재하신다는 사실로부터 시작하여 기독교의 모든 내용이 참되다는 말이다. 기독교는 단순히 일련의 진리들이 아니라 진리(Truth) 자체이다. 즉 모든 실재에 대하여 진리이다. 그리고 그 진리를 지적으로 받아들이고, 부족하지만 조금이라도 그 진리에 뿌리를 박고 삶을 영위할 때, 어떤 개인적인 결과들뿐 아니라 정치적이고 법적인 결과들도 낳는다는 사실을 주장하는 것이다.

이제 우리와는 반대 편에 있는 사람들, 즉 물질이 궁극적인 실재라는 개념을 주장하는 사람들의 견해를 살펴보자. 그들은 두 입장이 전적으로 그리고 완전히 다르다는 사실을 그리스도인들보다 먼저 깨달았다. 헉슬리 형제, 조지 버나드 쇼(George Bernard Shaw, 1856-1950), 그리고 다른 많은 사람들이 실재에 대한 두 가지의 총체적인 개념이 있으며, 그 두 개념은 단편적으로만 서로 다른 것이 아니라, 하나의 총체적 개념이 다른 총체적 개념에 대하여 전반적으로 반대된다는 사실을 깨달았다. 1933년에 발표된 인본주의 선언 I(*Humanist Manifesto I*)[1]은 그들이 이 문제의 총체성을 깨달았다는 사실을 아주 명백하게 보여주고 있다. 줄리안 헉슬리(Julian Huxley, 1887-1975)와 알더스 헉슬리(Aldous Huxley, 1894-1963) 등과 같은 사람이 그리스도인들보다 훨씬 먼저 이 두 세계관이 실재에 대한 두 개의 총체적 개념으로서, 서로 반대되는 입장에 서 있다는 점을 이해했다는 사실은 우리에게는 매우 부끄러운 일이다. 우리는 이 사실을 깊이 부끄러워해야 한다.

그들은 전혀 상이한 두 개의 개념이 있다는 사실뿐만 아니라 그 두 개념이 개인과 사회에 전혀 다른 결과를 낳는다는 사실도 이해했다. 우리는 이 두 세계관이 실제로 개인적인 차이뿐 아니라 사회와 정부와 법에 관한 총체적인 차이를 필연적으로 낳는다는 사실을 이해해야 한다.

이 총체적인 두 세계관을 혼합할 방법은 전혀 없다. 이 둘은 서로 떨어져 있으며, 종합될 수 없는 실체이다. 그러나 우리는 자유주의 신학의 근본적인 성격이 그 시작에서부터 이 두 세계관을 혼합하려는 시도라는 사실을 말하지 않을 수 없다. 자유주의 신학은 계몽주의 시대 직후부터 이런 혼합물을 만들어내려고 시도하였고, 오늘날에 이르기까지 이 두 견해를 종합하려고 노력하고 있다. 그러나 그런 시도의 보잘것없는 결과들이 나올 때마다 이 자유주의 신학자들은 마치 배가 본래의 항구로 들어가는 것처럼 자연스럽게 신앙과 무관한 인본주의자 편에 선다. 자유주의 신학이란 실제로는 철학적인 용어나 혹은 다른 용어 대신에 신학적인 용어로 표현된 인본주의이기 때문에 자유주의 신학자들은 틀림없이 이런 입장에

---

[1] *Humanist Manifestos I and II* (New York : Prometheus Books, 1973).

서게 된다.

  그들이 자연스럽게 신앙과 무관한 인본주의 입장에 빠져들게 되는 한 예로서 1981년 1월 21일자 기독교 세기(*The Christian Century*)지 42-45페이지에 있는 찰스 하트숀(Charles Hartshorne)의 글을 들 수 있다. 그 글의 제목은 "합리적 관점에서 시도한 낙태에 관하여"이다. 그는 인간의 태아가 살아 있다는 사실과 모기나 박테리아도 역시 살아 있다는 사실을 동일하게 여기는 데서 출발한다. 즉 그는 인간의 생명이 독특한 것이 아니라는 주장에서 출발하고 있다. 계속해서 그는 심지어 아기가 태어난 후에도 사회적 관계가 발전되기 전까지는 그 아기가 완전한 인간이 아니라고 말한다. 비록 그가 갓난 아기는 태아가 갖지 못하는 어느 정도의 원시적인 사회관계를 갖는다고 말하고 있지만, 그는 다음과 같이 결론을 내린다. "그럼에도 불구하고 나는 영아 살해가 단지 또 다른 형태의 살인일 뿐이라는 생각에 거의 공감할 수 없다. 이미 기능적으로 충분히 인격을 갖춘 사람들이 영아들보다 더 중요한 권리를 갖는다." 그런 후에 그는 당연히 그 다음 단계로 나아간다. "살아갈 희망이 없는 노약자나 혹은 계속 혼수상태에 빠져 있는 사람들에게도 이러한 구분이 적용되는가? 나는 그렇다고 생각한다." 어떤 무신론적 인본주의자라고 할지라도 이보다 더 노골적으로 말할 수 없을 것이다. 자유주의 신학을 따르는 많은 교파들이 공공연히 또 강력히 낙태를 옹호하고 있다는 사실을 주목하는 것이 이런 시점에서 중요한 일이다.

  마르틴 마티(Martin E. Marty) 박사는 자유주의 신학의 대변자로서 존경받는 사람 가운데 하나이다. 그는 시카고 대학 신학과의 저명한 교수인 페어팩스 콘(Fairfax M. Cone)과 더불어 기독교 세기지의 협동 편집인이다. 또한 그는 세속 언론에서 "주류" 기독교의 대변인으로 자주 언급된다. 1981년 1월 7-14일자 기독교 세기지에 있는 한 논문(13-17페이지에 있고, 31페이지에 보충 글이 있음)의 제목을 "공화당원들에게 : 인본주의에 대한 한 편지"(Dear Republicans : A Letter on Humanism)라고 붙였다. 이 글에서 그는 "인간이라는 것"(being human), 인본주의(humanism), 인문학 (humanities)이라는 용어와 "인간애로 사랑하는 것"(being in love with humanity)이라는 용어를 교묘하게 혼동시키고 있다. 그가 왜 이렇게 하는가? 역사가로서 그는 그런 단어들이 차이가 있다는 사실을 알고 있다. 그러나 그의 글을 한 페이지 한 페이지 읽어가는 동안 잘 알지 못하는 독자들은 기독교의 입장과 인본주의의 입장 사이의 총체적인 차이점을 완전히 잊어버린다. 나는 그 글이 능란하게 쓰여졌다는 점에 대해서는 감탄하지만, 마티 박사가 그 문제들을 완전히 혼동함으로써 신앙과 무관한 인본주의의 입장에 빠져든 것을 유감으로 생각한다.

우리는 마티 박사가 혼동하였던 바로 그 차이점들을 혼동해서는 안 된다고 강조하는 것이 이 시점에서 유익할 것이다. 인도주의(humanitarianism)란 사람들에게 친절하며 도움을 주고, 사람을 인간적으로 대하는 것이다. 인문학(humanities)이란 인간의 창조성의 산물인 문학, 미술, 음악 등의 학문을 말한다. 인본주의(humanism) 란 인간을 만물의 중심으로, 만물의 척도로 삼는 것이다.

그러므로 그리스도인들은 모든 사람들 가운데서 가장 인도주의적인 사람이어야 한다. 또한 그리스도인들은 인문학을 인간의 창조성의 산물이며, 사람들이 위대한 창조주의 형상에 따라 독특하게 지어졌기 때문에 가능한 것으로 여기고 거기에 관심을 기울여야 한다. 이렇게 인문학에 관심을 갖는다는 의미로 기독교 인문주의자라는 명칭을 사용하는 것은 무방할 것이다. 과거에 그 용어를 사용한 용례에 있어서 특히 그러하다. 그런 경우에 이 말은, 인문주의자라고 불린 그리스도인들이 (우리 모두가 마땅히 그래야 하는 것처럼) 사람들의 창조성의 산물에 관심을 가지고 있다는 의미이다. 예를 들어서 칼빈(John Calvin)은 이런 의미로 기독교 인문주의자라고 할 수 있는데, 왜냐하면 그가 로마의 작가 세네카(Seneca)의 작품을 아주 잘 알고 있었기 때문이다.[2] 존 밀턴(John Milton)과 다른 많은 그리스도인 시인들도 마찬가지로 그들 당대뿐 아니라 고대의 작품들을 알고 있었기 때문에 기독교 인문주의자라고 할 수 있다.

그러나 인도주의적이라는 것과 인문학에 관심을 가진다는 것과는 달리 거짓되고 파괴적인 인본주의에 대하여 그리스도인들은 변함없이 반대해야 한다. 인본주의는 성경에 비추어 볼 때 거짓되며, 마찬가지로 인간의 본성에도 거짓된 것이다.

이와 더불어, 우리가 논의해 온 "인본주의 세계관"(humanist world view)과 인본주의 선언(*Humanist Manifestos*) I과 II(1933년과 1973년)를 발표한 "휴머니스트 소사이어티"(Humanist Society)도 구별해야 한다. 휴머니스트 소사이어티는 비교적 소수의 사람들로 구성된 단체이다(비록 그 가운데 몇 명은 — 존 듀이⟨John Dewey⟩, 줄리안 헉슬리, 자크 모노⟨Jacques Monod⟩, 스키너⟨B. F. Skinner⟩ 등 — 영향력이 있었지만). 이와는 대조적으로 인본주의 세계관은 수천 명의 지지자들을 갖고 있으며, 오늘날 사회의 여론과 대중매체와 학교에서 가르치는 내용의 많은 부분과 정부의 여러 부처에서 만들어 내는 자의적인 법의 상당한 부분을 지배하고 있다.

이렇게 보다 폭넓고 보다 지배적으로 사용되는 인본주의라는 용어의 의미는, 인간이 오직 자기 스스로 발견할 수 있는 지식만을 기반으로 하여, 또 자신 이외의 다른 기준이 전혀 없이 자기 자신을 출발점으로 삼는다는 것이다. 이런 관점에서는 계몽주의 사상이 표현했던 것처럼 인간이 만물의 척도이다.

---

[2] 이것과 르네상스 초기에 발전하고 있었던 인본주의 요소와 혼동해서는 안 된다. 그러면 우리는 어떻게 살 것인가? (생명의 말씀사 역간) 제3장 참고.

실재에 대한 두 가지의 총체적인 세계관, 즉 유대-기독교 세계관과 인본주의 세계관이 낳은 서로 다른 결과를 가장 잘 관찰할 수 있는 곳은 정부와 법의 분야이다.

우리 북유럽인들은(미국과 캐나다, 오스트레일리아, 뉴질랜드 등은 북유럽의 확장이라는 점을 기억해야 한다) 우리 정부의 "통제와 자유의 균형"(form-freedom balance)을 자연스러운 것인 듯 당연하게 받아들이고 있다. 사회의 강제적 수단들을 인정하는 점에서 통제가 있으며, 개인의 권리를 인정하는 점에서 자유가 있다. 우리는 통제와 자유를 가지고 있다. 그러므로 통제와 자유가 존재한다. 여기에 우리가 세상에 당연히 있는 것으로 여기게 된 균형이 있다. 그러나 "통제와 자유의 균형"은 세상에서 자연스러운 것이 아니다. 만일 우리가 오랜 기간의 역사를 주목하고 또 오늘날의 역사를 제공해 주는 신문을 매일 읽으면서도 정부의 통제와 자유의 균형이 종교개혁 이래로 북유럽과 거기에서 확장된 나라들에만 있는, 과거와 현재를 통틀어 세상에서 독특한 것이라는 사실을 이해하지 못한다면 매우 어리석은 것이다.

그러나 이 말은, 종교개혁 이전에는 이런 문제들을 놓고 씨름한 사람이 아무도 없었다거나 혹은 어떤 훌륭한 결과를 내놓은 사람이 아무도 없었다는 뜻이 아니다. 그 예로서 우리는 중세 말기의 교회에 있었던 공의회 운동(the Conciliar Movement)과 중세 초기의 의회들을 들 수 있다.[3] 특별히 고대 영국의 관습법을 고려해야 한다. 그리고 그 관습법과 (또한 영국의 모든 법과) 관련하여 헨리 드 브락턴(Henry De Bracton)이 있다. 조금 뒤에 그에 관하여 조금 더 언급할 것이다.

실재에 대한 물질-에너지 개념, 실재는 우연히 생겨났다는 개념을 지지하고 있는 사람들은, 그들이 마르크스주의자이든 아니든

---

[3] 그러면 우리는 어떻게 살 것인가? 제2장, 제7장을 보라.

간에 궁극적 실재인 하나님에 대한 진리를 알지 못할 뿐 아니라 인간이 누구인지도 알지 못한다. 궁극적 실재에 대한 그들의 견해가 실재의 올바른 모습을 파악하지 못한 것처럼, 인간에 대한 그들의 개념도 인간의 올바른 모습과는 다른 것이다. 인간에 관한 견해가 잘못되었기 때문에 사회와 법에 관한 그들의 개념 역시 잘못되어 있다. 그들은 사회나 혹은 법을 위한 충분한 근거를 갖고 있지 않다.

그들은 인간을 아주 우연하게 복잡한 구조를 갖게 된, 소립자의 복합적 배열이라고 생각함으로써 인간을 그 본래의 유한성보다 훨씬 더 격하시켰다. 그들은 인간을 무언가 위대한 존재로, 심지어 죄를 범하는 일에 있어서도 중요한 의미를 지닌 존재로 보는 대신에, 인간이란 그 핵심에 있어서 본질적으로 경쟁적인 동물로, 즉 보다 강하고 보다 적합한 자가 지배하는 자연선택 이외에는 다른 근본적인 행동 원칙을 갖고 있지 않은 존재로 이해한다. 또한 그들은 인간이 개인적으로 뿐 아니라 사회를 이루어 집단적으로도 이렇게 행동한다고 생각한다.

어떤 사람들이 주장하는 것처럼 법정에서 **인류의 이름으로**(in the name of humanity) "우리는 온 인류 앞에서 우리의 명예를 걸고 맹세한다"[4]와 같은 맹세를 하게 하는 것도 인간의 유한성에 비추어 볼 때 너무나 불충분한 말일 것이다. 유물론적 인간관으로 바뀌게 된다면 훨씬 더 그러할 것이다. 아무리 멋진 말들을 많이 사용한다고 하더라도 사실상 이런 기초 위에서 제정된 법은 야만적인 폭력을 의미할 뿐이다.

이런 상황에서는 법이란 단지 제레미 벤담(Jeremy Bentham, 1748-1842)이 공리주의라는 말로 표현한 내용에 지나지 않는다. 그리고 이 사실은 불가피하게 올리버 웬델 홈즈(Oliver Wendell

---

[4] Will and Ariel Durant의 저서 *The Lessons of History* (New York : Simon & Schuster, 1968), pp.84-86을 보라.

Holmes, 1841-1935) 2세의 다음과 같은 결론에 이르게 된다. "법의 생명은 논리가 아니었다. 그것은 경험이었다."[5] 이 말은, 인간의 제한되고 유한한 경험을 제외하고는 법의 기초가 되는 것이 전혀 없다는 말이다. 그리고 특별히 다원주의자들의 인간의 적자생존 개념은-이것을 홈즈는 지지하였다-반드시 홈즈의 최종 결론으로 이르게 하고야 말 것이다. 법이란 "그 나라의 다른 모든 사람들을 지배할 수 있는 다수표"이다.[6]

과거나 현재나 계속 제기되는 문제는, 법의 적절한 기초가 무엇인가, 무정부상태에 빠지지 않으면서 자유를 원하는 인간의 열망이 유지될 수 있는, 또 자의적인 폭정으로 흐르지 않는 통제를 제공하는 적절한 법의 기초란 무엇인가라는 질문이다.

유물론적 개념과는 반대로, 인간은 실제로 하나님의 형상을 따라 지음받았고 참된 인간성을 소유하고 있다. 이 인간성은 정부에 있어서, 단지 야만적인 폭력이 지배하는 것보다는 나은 정부들을 만들어내는 데 성공을 거두어왔다.

그리고 유대-기독교 세계관의 조류에 속하였던 사람들은 그보다 더 큰 결과를 낳았다. 유대-기독교 세계관이 끼친 영향이 가장 뚜렷하게 나타나 있는 사례는 아마도 헨리 드 브락턴이 영국법에 미친 영향일 것이다. 13세기에 살았던 잉글랜드의 판사였던 브락턴은 법률과 관습에 대하여(*De Legibus et Consuetudinibus*, 약 1250년)를 저술하였다.

유대-기독교 세계관의 조류에 속하였던 브락턴은 다음과 같이 말하였다.

그리고 지상에서 그리스도의 대리자(vice-regent, 섭정)

---

[5] *American Law Review*, XIV, (1880), p.233.
[6] *Harvard Law Review*, XL, (1918).

인 국왕이 법 아래에 있다는 사실은 예수 그리스도와 비교해 보면 명백하게 나타난다. 인류를 위한 그분의 이루 말할 수 없는 구속사역을 감당하는 데는 많은 방법이 있었지만, 참으로 자비로우신 하나님께서 악마의 공작을 파괴하기 위하여 십자가의 방법이라는 가장 강력한 방법을 선택하셨다. 그분은 공의를 사용하시고 무력을 사용하지 않으셨다.[7,8]

다른 말로 하자면, 권능이 충만하신 하나님께서는 반란을 일으킨 사탄을 그의 충분한 힘을 사용하여 쳐부술 수도 있었다. 그러나 하나님의 성품 때문에, 무력만을 사용하시는 것보다 공의가 앞섰다. 그러므로 그리스도께서 죽으심으로 하나님의 성품에 근거한 공의가 해결책이 되도록 하였다. 브락턴은 이것을 다음과 같이 요약한다: 그리스도는 그의 본질 때문에 그의 모범이 우리의 표준이요 규율이며 척도이다. 그러므로 사회와 법에 있어서 힘이 우선이 아니라 공의가 우선된다. 군주는 통치하고 다스릴 권력을 가질 수 있으나, 공의를 저버리고 그렇게 할 권리는 없다. 이것이 영국 관습법의 기초였다. 대헌장(*Magna Charta*, 1215)은 브락턴의 법률과 관습에 대하여가 나오기 35년 전에 (혹은 그보다 더 빨리) 작성되었는데, 그 당시에 이미 브락턴의 저서에서 나타나는 법 개념이 영국에서 보편적인 것이었다.

브락턴보다 300년 후에 일어난 종교개혁은 이런 사상을 더욱 세련되고 명료하게 밝혔다. 종교개혁은 유대-기독교 세계관에 덧붙여졌던 껍질들을 제거하였고 권위의 핵심-"교회 그리고 성경", 혹은

---

[7] Henry De Bracton의 *De Legibus et Consuetudinibus* (Cambridge, Mass.: Harvard-Belknap, 1968)의 번역본.

[8] James L. Fisk, *The Law and Its Timeless Standard*(Washington: Lex Rex Institute)를 보라.

"국가 그리고 성경"보다는 오직 성경에만 근거한 권위-을 명백히 하였다. 이것은 교리에 있어서도 중요하였을 뿐만 아니라 또한 법의 기초를 명확하게 하였다.

그 기초는 신약성경으로부터 모세의 성문법으로까지 거슬러 올라가는 하나님의 성문법이었다. 그리고 그 성문법의 내용과 권위는 다시 궁극적 실재이신 그분에게 뿌리를 두고 있다. 그러므로 교회나 국가는 그 법보다 상위에 있기는커녕 동등한 위치에 있지도 못하였다. 법의 기초는 분리되어 있지 않으며, 왕이나 국가, 교회를 포함하여 그 누구도 하나님의 법의 내용 위에다 다른 무엇을 올려놓을 권리를 갖고 있지 못하였다.

종교개혁이 이루어 놓은 것은 아주 명백하고 일관되게 그 기원이며 궁극적 실재인 하나님께로 돌아간 것이었다. 그러나 마찬가지로 인간의 실재로-(구원과 같은) 개인적인 필요뿐 아니라 또한 인간의 사회적 필요로-돌아간 것이다.

이 종교개혁으로부터 생겨나서 지난 400년 동안 우리가 누려온 정부의 형태는 세상에 이제껏 존재해 온 상황과는 대조되는 독특한 것이다. 여러분들 중에는 고대 그리스의 도시 국가들이 우리와 같은 정부의 개념을 가지고 있었다고 배워 왔을 것이다. 그것은 사실과 전혀 다르다.[9] 단지 플라톤의 *공화국(Republic)*을 읽어보기만 하더라도 그 정치체제가 엄청난 폭력을 수반하고 있다는 사실을 발견할 수 있다.

특히 2차 세계대전 이후에 미국의 국무성 사람들이 세계 도처로 가서 이제껏 우리와는 다른 종교적 철학적 배경을 갖고 있었던 문명에다 우리의 정부 형태가 갖고 있는 통제와 자유의 균형을 이식하려고 시도하였을 때, 거의 모든 경우에 그런 시도는 일종의 전체주의나 권위주의로 끝나고 말았다.

---

[9] Will and Ariel Durant, *The Lessons of History*, pp. 70-75를 보라.

인본주의자들은 "자유"를 얻기 위하여 노력하지만 그 자유를 포함하고 있는 기독교적 공감대를 전혀 가지고 있지 못하기 때문에, 그 "자유"는 항상 혼란에 이르거나 국가(혹은 엘리트) 아래에서의 노예화에 이른다. 질병을 만들어 내고 나서, 인본주의는 그 치료약으로(그 질병과) 똑같은 종류의 처방들을 더 많이 제시하고 있다. 궁극적 실재에 대하여 잘못된 견해를 갖고 있기 때문에, 인본주의는 본질적으로 개인, 즉 인간 존재에 대하여 아무런 관심도 가질 수 없다. 인본주의의 당연한 관심사는 두 개의 집단, 즉 국가와 사회이다.

제 2 장
신앙과 자유의 토대들

　미국의 헌법 제정자들은 개인의 세계관과 정부 사이의 관계를 (정도의 차이는 있었지만) 매우 잘 이해하였다. 존 위더스푼(John Witherspoon, 1723-1794)은 내가 항상 개인적으로 매우 중요하게 여기는 인물이었는데, 최근에 데이비드 워커 우즈(David Walker Woods)가 쓴 그의 전기를 읽고 난 후로는 더욱더 그렇다.[1] 장로교의 목사이며 오늘날 프린스턴 대학교가 된 뉴저지 대학의 총장이었던 위더스푼은 독립선언에 서명한 유일한 목사였다. 그는 미국 건국에 있어서 매우 중요한 인물이었다. 그는 뉴저지 대학으로 대표되는 기독교 사상을, 독립선언과 미국을 건국하는 일에 아주 중요한 역할을 한 헤아릴 수 없이 많은 위원회에 반영하였다. 기독교 사상과 정부 개념간의 이러한 연결은 부수적인 것이 아니라 근본적인 것이었다. 존 위더스푼은 사무엘 러더퍼드의 사상 조류를 알고 있었고, 의식적으로 그런 입장에 섰다. 사무엘 러더퍼드는

---
[1] David Walker Woods, *John Witherspoon* (Old Tappan, N.J. : Fleming H. Revell Co., 1906).

1600-1661에 살았던 스코틀랜드인으로서 1644년 법이 곧 왕이다 (*Lex Rex*)를 저술하였다. *Lex Rex*라는 말은 법이 왕이라는 의미인데, 참으로 당대 사상의 근본을 뒤흔드는 표현이었다. 그 이전에는 *rex lex*, 즉 국왕이 법이었다. 법이 곧 왕이다에서 그는 다른 어느 것도 아니라 오직 법만이 왕이라고 썼다. 따라서 정부의 수장들이 법 아래 있는 것이지, 법이 그들에게 속한 것이 아니다.

이신론자였던 제퍼슨 등은 자기들이 존 로크(John Locke, 1632-1704)의 사상 전통에 서 있다는 사실을 알고 있었는데, 비록 로크는 법이 곧 왕이다를 세속화시켰지만, 그 책으로부터 많은 내용을 받아들였다. 이런 사람들은 자기들이 하고 있는 일이 무엇인지를 실제로 알고 있었다. 우리는 있지도 않은 것을 찾아 역사를 거슬러 올라가고 있는 것이 아니다. 자기들이 건설하고 있었던 정부의 기초를 그들이 실제로 이해하고 있었다는 사실은 아무리 강조해도 지나치지 않다. 다음과 같은 위대하고 정열적인 문구를 생각해 보라. "양도할 수 없는 어떤 권리들." 누가 그러한 권리들을 부여하는가? 국가가? 국가가 부여한다면 그런 권리들은 양도가 가능하다. 왜냐하면 국가는 그 권리들을 변경할 수도 있고 빼앗을 수도 있기 때문이다. 그렇다면 그 권리들은 어디로부터 오는 것인가? 그들은 양도할 수 없는 권리들을 부여한 그 누군(Someone)가 존재한다는, 유대-기독교 사상으로 거슬러 올라가는 개념 위에서 미국을 건설하고 있다는 사실을 이해하고 있었다. 또 다른 문구가 거기 나타나 있다. "우리는 하나님을 신뢰한다." 이 문구를 보면, 그들이 말하고 있었던 내용에 대하여 혼동할 여지가 전혀 없다. 그들은 법 수여자(Law Giver), 즉 양도할 수 없는 권리들을 부여하는 인격적 존재(Person)가 존재하므로 법이 왕이 될 수 있다고 공공연하게 인정하였다.

독립전쟁이 끝나기 전부터도 의회 내에 봉급을 받는 전속 목사가 있었다는 사실을 대부분의 사람들이 모르고 있다. 또한 전국 의회가 생겨나기 이전에 13개 주의 모든 주 의회들이 항상 기도로 개회하였다는 사실도 발견할 수 있다. 그리고 전국 의회도 바로 첫 모임에서부터 기도를 드림으로써 개회하였다. 이 사람들은 참으로 자기들이 하고 있었던 일을 이해하고 있었다. 그들은 창조주이자 궁극적 실재인 최고 존재라는 토대 위에서 나라를 건설하고 있음을 알고 있었다. 그리고 그런 기초가 없이는 독립선언과 그에 뒤따르는 모든 문서의 내용이 순전히 넌센스에 불과한 것이 되리라는 점을 그들은 알고 있었다. 이들은 독립선언에 포함되어 있는 내용을 정확하게 이해하였던 총명한 사람들이었다.

전쟁이 끝나자마자 그들은 첫번째 추수감사절을 지켰다. 여러분은 전쟁이 끝나자마자 하나님께 감사를 드리기 위한 이 첫번째 추수감사절을 의회가 소집하였다는 사실을 알고 있는가? 그 날 위더스푼의 설교는 그들의 관점을 보여준다. "한번 평등하게 균형이 잡힌 공화국은 그 덕목을 지키든지 아니면 그 자유를 잃어버리든지 양자택일을 하여야 한다." 여러분은 모든 미국 사람이 이 말을 아침마다 암송하고 그 의미를 올바르게 이해하기를 원하지 않는가? "한번 평등하게 균형이 잡힌 공화국은 그 덕목을 지키든지 아니면 그 자유를 잃어버리든지 양자택일을 하여야 한다." 그보다 전에 한 연설에서 위더스푼은 다음과 같은 말을 강조하였다. "순전하고 더럽혀지지 않은 종교(religion)를 증진하는 데 매우 진지하고 적극적인 사람이 미국의 자유의 가장 좋은 친구이다." 위더스푼에게 있어서, 그리고 그 시대의 문화적 공감대에 있어서 그 종교란, 종교개혁 이래로 그들이 이해하였던 대로 기독교를 의미하였다. 그 시대의 "자유 사상가들"과 오늘날의 인본주의자들을 포함한 모든 이들에게 종교적 자유를 부여한 것이 바로 이런 공감대였다.

이 개념은 윌리엄 펜(William Penn, 1644-1718)이 그보다 앞서 발표했었던 것과 똑같은 것이었다. "만일 우리가 하나님의 통치를 받지 않는다면, 우리는 폭군들에게 지배될 것이다." 그 당시의 미국에서는 이러한 공감대가 숨을 쉬는 것처럼 자연스러운 것이었다. 우리는 유럽에서 미국으로 이주한 많은 사람들이 종교적인 목적 때문에 이주하였다는 사실을 잊지 말아야 한다. 그들 대부분은 미국에 도착하여 성경에 기초를 둔 그들 자신의 개별적인 정부를 수립하였다. 그러므로 세속 정부라는 개념을 내포한 정교분리 원칙을 주장하는 것은 헌법을 작성하던 시대의 미국의 근본적인 성격과는 전혀 무관한 것이다.

제1차 헌법 개정안(First Amendment)이 통과되었을 때, 그 목적은 단지 다음의 두 가지였다. 첫번째 목적은, 연합한 13개 주에 제도화된 국가 교회를 설치하지 않는다는 것이었다. 달리 말하자면, "미국 국교회"가 없도록 하려는 것이었다. 제임스 매디슨(James Madison, 1751-1836)은 제1차 헌법 개정안이 종교의 자유를 보장한다는 점을 설명하면서 이같은 분리의 개념을 분명하게 말하였다. 그는 제1차 헌법 개정안이 발의된 까닭을 "사람들이 한 교파가 탁월한 지위를 획득하거나 혹은 두 교파가 연합하여 하나의 종교를 수립하고 다른 모든 사람들에게 동조하도록 강요할지도 모른다고 두려워하기 때문"[2]이라고 말하였다.

그럼에도 불구하고 상당수의 개별 주들은 자기 주의 교회를 갖고 있었을 뿐만 아니라 그것이 제1차 헌법 개정안 내용과 충돌된다고 생각하지도 않았다. "미국 혁명이 일어나던 때에 13개 주 가운데 9개 주가 다른 교파들을 배제하고 한 교파를 후원하였다."[3] "1개 주를 제외한 12개 주가 복음 전파와 교회 건축을 돕기 위한 세금을 주민들에게 부과하였다."[4] "이런 사정은 1798년에 버지니아 주 의

---

[2] Edward Corwin, *The Supreme Court as National School Board*, Law and Contemporary Problems, 14, (1949), pp. 3, 11-12.

[3] Herbert W. Titus, Professor of Law, O.W. Coburn School of Law, *Education, Caesar's or God's : A Constitutional Question of Jurisdiction*.

회가 교회를 후원하는 모든 법률을 폐지할 때까지 계속되었다."[5] "매사추세츠 주는 1853년에 세금을 거두어서 교회를 보조하는 조항을 폐지할 때까지 매사추세츠 주 헌법을 개정하지 않았다."[6]

제1차 헌법 개정의 두번째 목적은 오늘날 이 조항을 적용하는 취지와는 정반대되는 것이었다. 그것은 정부가 자유로운 종교 행사를 방해하거나 간섭하지 말 것을 명백하게 선언하고 있다.

이상이 제1차 헌법 개정안의 두 가지 목적이었다.

더글라스 판사는 1944년 미국 대(對) 발라드(Ballard) 소송에서 미국 대법원의 다수 의견으로서 다음과 같이 판결하였다.

> 제1차 헌법 개정안은 이중적인 측면을 갖고 있다. 그것은 "특정한 신조나 특정한 예배 형식의 수행을 받아들이도록 법으로 강요하는 일을 미리 막을" 뿐 아니라 "이미 선택된 종교 형태를 자유롭게 누리도록 보장하기도 한다."

오늘날 미국에서 교회와 국가의 분리 원칙은 교회를 침묵시키는 도구로 이용된다. 그리스도인들이 논쟁이 되는 문제들에 관하여 공공연히 이야기하면, 인본주의에 입각한 국가와 언론 매체들은 교회와 국가는 분리되어 있기 때문에, 기독교회와 다른 모든 종교단체는 사회 문제들에 대하여 말하지 못하도록 금지되어 있다고 심하게 비난한다. 오늘날 그 개념이 사용되는 방식은 그 본래 의도와는 정반대이다. 오늘날의 방식은 역사에 근거한 것이 아니다. 현대의 정교 분리 개념은 국가로부터 종교를 전적으로 분리하자는 주장이다. 이 원칙을 받아들인 결과는 시민 정부에 대한 종교의 영향력이 제거되는 것이다. 존 화이트헤드는 그의 저서 제2의 미국 혁명(*The Second American Revolution*)에서 이 사실을 잘 설명하고 있다.[7] 이

---

[4] Ibid.
[5] Ibid.
[6] Ibid.

원칙은 오늘날 기독교 사상의 영향력을 제한하기 위한 거짓된 정치 격언으로 이용되고 있다. 프랭키 쉐퍼 5세는 행동 계획(*Plan for Action*)에서 그것을 다음과 같이 말했다.

> 세속 인본주의자, 유물론자, 소위 자유주의자, 여권(女權)론자, 유전공학자, 관료, 대법원 판사들에게는 교회와 국가간의 이런 자의적인 구별을 손쉬운 핑계거리로 사용하는 것이 편리하고 유리하였을 것이다. 이것은 종교적 확신을 가진 거대한 시민 집단의 의견을 억제하는 편리한 구실로 이용되고 있다.[8]

당시 사람들이 종교와 종교적인 영향력으로부터 분리된 국가를 제안했더라면 헌법 제정자들은 깜짝 놀랐을 것이다. 미국 혁명 바로 뒤에 일어난 프랑스 혁명은 그 계속된 과도한 행동들 때문에, 그리고 결국 실패로 끝나 급속히 나폴레옹의 권위주의적 지배에 이르게 된 사실 때문에, 단지 미국이 기초로 삼았던 기반과 프랑스 혁명이 기초로 삼았던 기반 사이의 차이점만을 강조하였을 뿐이다. 역사는 명백하게 그것을 보여주었고, 그 당대의 사람들은 그것을 이해했다. 테리 이스트랜드(Terry Eastland)는 논평(*Commentary*)이라는 잡지에서 그것을 다음과 같이 말했다.

> 역사적 사실을 살펴볼 때, 헌법 제정자들은 종교를 장려함으로써 공익이 증진된다고 믿었다. 그 지역의 연방 재산을 학교를 위하여 사용하도록 규정한 1787년의 "북서조례"(Northwest Ordinance)는 1789년에 의회에서 다시

---

[7] David C. Cook에 의해 출간됨, Elgin, Illinois, 1982.
[8] Franky Schaeffer V, "The Myth of Neutrality", *Plan For Action*, 'Old Tappan, N. J. : Fleming H. Revell Co., 1980, p. 37. 행동 계획은 낙태, 영아 살해, 안락사에 대한 그리스도인의 자세의 실천 지침서이다.

통과되었는데, 그것은 매우 교훈적이다. 그 법은 "종교와 도덕과 지식은 선한 정부와 인류의 행복에 필수적인 것이며, 학교와 배움의 수단들은 끊임없이 장려되어야 할 것이다……"고 기록되어 있다.

1811년 뉴욕 주의 법원은 그리스도에 대한 신성모독적인 언사에 대하여 유죄 판결을 내렸는데, 재판장 켄트가 내린 판결에서 법원은, "우리는 기독교도들이며, 이 나라의 도덕은 기독교에 깊이 뿌리내리고 있다"고 말하였다. 50년이 지난 후에 바로 이 법원은 "기독교는 국교로 인정될 수 있다"고 말하였다.

펜실베이니아 주 법원도 역시 신성모독의 혐의로 고발된 사람에게 유죄를 판결하였는데, 여기서는 성경을 거스르는 경우였다. 법원은 "기독교, 기독교 일반은 펜실베이니아 주 불문법의 한 부분이었으며, 지금도 그러하다…… 어떤 특정한 종교적 교리에 근거한 기독교가 아니라, 기성교회와 십일조와 종교법정을 가지고 있는 기독교가 아니라, 모든 사람에게 양심의 자유를 허락하는 기독교를 말한다…"고 했다.

개신교는 법률 분야에 업적을 남겼을 뿐만 아니라, 문화에도 그 업적을 남겼는데, 이것이 훨씬 더 중요하다. 개신교는 미국에－오늘날의 표현을 사용하자면－"가치 체계"를 제공하였고, 그것은 1920년대에 와서 개신교 관습이 아주 뚜렷하게 무너지기 시작할 때까지 계속되었다.[9]

미국의 건국과 관련하여 법 문제를 계속 조사해 가면, 그 다음에 만나게 되는 사람이 윌리엄 블랙스톤(William Blackstone, 1723-

---

[9] Terry Eastland, "In Defense of Religious America", *Commentary* (June 1981), p. 39.

1780)경이다. 윌리엄 블랙스톤은 영국의 판사로서 1760년대에 영국법 주석(*Commentaries on the Law of England*)이라는 아주 유명한 작품을 썼다. 독립선언이 조인될 당시에 그의 영국법 주석의 복사본이 아마도 영국보다 미국에 더 많이 있었을 것이다. 그의 영국법 주석은 그 당시에 미국법의 관점을 형성하였다. 그 책을 읽어 보면 그 법의 토대가 무엇인지에 관하여 아주 명백하게 알 수 있다.

윌리엄 블랙스톤에게 있어서 법의 토대는 오직 두 가지, 즉 자연과 계시뿐이었는데, 계시란 "성경"을 의미한다고 그는 명백하게 밝히고 있다. 윌리엄 블랙스톤은 그런 사람이었다. 그리고 바로 얼마 전까지만 해도 윌리엄 블랙스톤의 영국법 주석을 통달하지 못한 사람은 아직 법대를 졸업하지 못한 사람이라고 말했을 정도였다.

이런 내용들을 아주 명백하게 해석하였던 유명한 법률가들이 또 있었다. 조셉 스토리(Joseph Story)는 1829년에 하버드 대학교 법대의 덴마크 법 교수로 취임하는 연설에서 "관습법이 기독교를 그 기초로 삼고 있다는 사실을 인정하지 않았던 시대는 전혀 없었다"[10] 라고 말했다.

존 애덤스(John Adams, 1735-1826)에 대하여 테리 이스트랜드는 다음과 같이 말하였다.

> 대부분의 사람들은 우리의 법은, 존 애덤스가 말했듯이, 도덕적이고 종교적인 전통에 뿌리박고 있다는 점을 인정하는데, 그 전통이란 시내산 위로 올라간 모세의 시대까지 거슬러 올라가는 것이다. 마찬가지로 거의 모든 사람들이 우리의 자유가 하나님께로부터 주어진 것이며, 그에 합당하게 행사되어야 한다는 점에 동의한다. 자유와 방종 사이에는 차이가 있다.[11]

---

[10] Quoted Perry Miller, editor, *The Legal Mind in America* (New York : Doubleday, 1962), p.178.

[11] Eastland, p.41.

과거를 돌이켜볼 때 우리가 발견하는 것은, 미국을 건설한 사람들은 어떤 기초 위에서 그들의 법 개념과 정부 개념을 건설하고 있었는지를 실제로 이해하고 있었다는 사실이다. 그리고 유물론적이고 인본주의적이며 우연적인 세계관이 우리의 법과 정부를 집어삼킬 때까지는 기독교가 법과 정부의 기초로 계속 유지되었다.

제 3 장
신앙과 자유의 파괴

그런데, 이제 모든 것이 끝났다!

오늘날 대부분의 법대에서는 법률사를 수강하는 학생들을 제외하고는 거의 한 사람도 윌리엄 블랙스톤(William Blackstone)을 공부하지 않는다. 우리는 세속화된 사회에서 살고 있으며, 또한 세속적이고 사회학적인 법 아래 살고 있다. 사회학적 법(Sociological law)이란, 어떤 고정된 기초 위에 서 있는 법이 아니라, 일단의 사람들이 그들이 사는 시대의 사회에 사회학적으로 좋은 것이 무엇인지를 결정한 것을 말한다. 그리고 그들이 자의적으로 결정한 것이 법이 된다. 올리버 웬델 홈즈(Oliver Wendell Homes, 1841-1935) 2세는 이것이 자신의 입장임을 분명히 밝혔다.[1] 예전에 미연방 대법원장이었던 프레데릭 무어 빈슨(Frederick Moore Vinson, 1890-1953)은 "현대 사회에 있어서 절대적인 것은 아무것도 없다는 사실보다도 더 확실한 것은 없다"[2]고 말하였다. 이 입장을 취

---
[1] 그러면 우리는 어떻게 살 것인가? 제11장을 보라.
[2] Ibid.

하는 사람들이 스스로 그것을 사회학적 법이라고 부른다.

새로운 사회학적 법이 "양도할 수 없는 권리들" 등을 부여한 창조주라는 (미국 헌법의) 원래의 기반으로부터 이탈하였기 때문에, 이 법이 헌법으로부터도 역시 떨어져 나간 것은 자연스런 일이다. 윌리엄 벤틀리 볼(William Bentley Ball)[3]은 "종교의 자유 : 헌정의 개척자"(Religious Liberty : The Constitutional Frontier)라고 제목을 붙인 그의 논문에서 다음과 같이 말하고 있다.

> 나는 세속주의가 두 가지 이유 때문에 종교의 자유뿐 아니라 실제로 개인의 자유 전반에 대해서도 악영향을 끼친다고 주장한다. 첫째, 잘 알려진 대로 세속주의는 "보다 상위의 법"이 존재한다는 점을 인정하지 않으려 하기 때문이다. 둘째, 그렇기 때문에 세속주의는 그때그때의 실용적인 대중 정책에 기반한 결정을 내리는 경향이 있으며, 따라서 그런 정책들을 헌법과 같은 "보다 상위의" 척도에 따르도록 하는 데 필연적으로 저항하는 경향이 있기 때문이다.

이렇게 헌법으로부터 이탈하는 일은, 예를 들어서 제1차 헌법 개정안에 근거한 판결과 같이 그 본래의 목적과는 정반대로 판결하는 법원의 결정에 의해서 생겨날 뿐만 아니라 마찬가지로 다른 방법들을 통해서도 생겨난다. 윌리엄 벤틀리 볼의 글을 다시 인용해 보자.

---

[3] William Bentley Ball은 펜실베이니아 주 해리스버그 시에 있는 "Ball and Skelly 법률 회사"의 동업자이다. 그는 20개 주에서 소송 중인 재판을 주재하였고 친권 소송으로 대법원에 서기도 하였다. 그는 1970-1974 동안에 "연방 헌법 위원회"(Federal Bar Association Committee on Constitutional Law)의 의장을 역임했다.

우리의 문제는, 아마도 이 글에서 충분히 지적해 왔듯이, "보다 일반적인"(more general) 헌법적 개념들에 관한 것이다. 입법권의 위헌적 위임과 "월권행위" 두 가지만 언급하고자 한다. 전자는 엄격한 기준을 부과하지 않은 채 조례 제정권을 양도하여 입법권을 대행자들에게 넘겨줌으로써 생겨난다. 후자는 그 대행자들이 그들 자신의 기준에 따라 권력을 형성하는 데서, 즉 입법부가 그들에게 부여하지 않은 권력을 자기 마음대로 취함으로써 생겨난다. 전자 아래에서 법의 지배는 거의 사라지고 사람의 지배가 대체로 그 자리를 대신한다. 후자 아래에서 대행자들이 개인적으로 "집에서 만든"(home-made) 법이 선출된 국민의 대표들이 제정한 법을 대신한다.

유대-기독교적인 법 기초와 헌법의 통제로부터의 이탈이 자동적으로 종교적 자유에 악영향을 끼치는 것은 당연하다. 볼은 그의 글을 다음과 같이 끝맺는다.

> 근본적으로, 개인의 자유와 관련해서 헌법은 국가의 통제를 겨냥하였다. 오늘날, 종교의 자유와 관련한 매 사례들에 있어서 우리는 그것이 거꾸로 되었다는 이상야릇한 전제와 만나게 된다. 즉 국가는 무슨 행동을 하든지 정당화되며, 종교는 그런 전제를 극복할 증거를 제시할 커다란 부담을 지고 있다는 것이다.
> 그런 전제를 어디서나 깨뜨리는 것이 그리스도인 법률가인 우리의 책임이다.

법률가들은 미국 법 개정을 논의할 때, 몰몬교와 관련하여 통과된 법률들과 남북전쟁 이후에 남부의 주들이 연방 정부에 다시 가입하는 것에 관련된 법들이 남긴 영향에 관하여 종종 이야기한다. 실제로 이런 것들도 고려해야 한다. 그러나 이것들은 미국의 법을 철저하게 변화시킨 원인이 아니었다. 우리가 (미국을 포함하여) 북유럽에서 누려온 통제와 자유가 균형을 이룬 정부와는 아무 관계가 없는 완전히 다른 세계관으로 넘어갔다는 사실이 그 원인이다. 이것이 변화의 핵심적인 요인이다.

이것은 코페르니쿠스와 갈릴레오로부터 시작된 근대 과학과 지난 세기에 그 자리를 대신한 유물론적 과학 사이의 관계와 유사하다. 유물론적 사고는 결코 근대 과학을 창출하지 못하였을 것이다. 근대 과학은 기독교적 기반 위에서 창출되었다. 즉 지적인 창조주가 우주를 창조하였으므로 우리는 어느 정도 우주를 이해할 수 있고, 따라서 관찰과 실험을 낙관적으로 수행할 수 있는 근거가 있었다.

그런데 궁극적인 실재에 대한 유물론적 개념으로의 철학적 변화에 근거하여 유물론적 과학이 나타났다. 이 변화는 발견된 사실 이외에는 아무것도 덧붙이지 않는다는 주장에 기초하고 있었다. 그것은 사물을 그런 방식으로 보겠다는 신앙적인 결정이었다.[4] 칼 세이건 (Carl Sagan)이 공영 텔레비전을 통하여 1억 4천만의 시청자들에게 — 아무런 과학적인 증거도 제시하지 않은 채로 — "우주는 여태껏 존재해 왔으며, 지금 존재하고 있고, 앞으로도 항상 존재할 뿐이다"고 대담하게 주장한 것보다 더 명백하게 그 점을 표현한 것도 없을 것이다. 그는 "코스모스"(Cosmos) 시리즈를 이처럼 본질적으로 신앙고백적인 선언으로 시작하였고, 계속하여 그에 뒤따르는 모든 결론들을 그 위에다 세워 나갔다.

법에 있어서도 정확하게 그와 같은 일이 일어났다. 궁극적 실재에 대한 물질-에너지 개념, 우연 개념은 미국과 종교개혁을 경험한 다른 나라들에서 볼 수 있는 통제와 자유가 균형을 이룬 정부를 결코

---

[4] 그러면 우리는 어떻게 살 것인가? 중에서 제 7장, 제 8장을 보라.

창출하지 못하였을 것이다. 그러나 이제 이 개념이 자의적이고 오만하게도, 통제와 자유가 균형을 이룬 정부의 기초를 제공한 유서 깊은 유대-기독교적 개념을 대신하여 들어섰다. 유대-기독교적 개념은 세상이 알고 있었던 것보다 더 큰 자유를 제공하였지만, 또한 그 자유들을 통제하여서 그것들이 사회를 파괴하지 않도록 하였다. 실재에 대한 유물론적 개념은 통제와 자유의 균형을 내놓지 못하였을 것이다. 그리고 이제 유물론적 개념이 들어서자 그 균형을 유지할 수가 없었다. 유물론적 개념은 그 균형을 파괴하였다.

월 듀란트(Will Durant)와 그의 아내 아리엘(Ariel)은 공동으로 문명 이야기(*The Story of Civilization*)를 저술하였다. 듀란트 부부는 1976년 "인본주의 개척자 상"(Humanist Pioneer Award)을 받았다. 월은 1977년 2월호 휴머니스트(*Humanist*)라는 잡지에서 개인윤리와 사회질서와 관련한 인본주의의 문제를 다음과 같이 요약했다. "무엇보다도 우리는 초자연적인 위로나 희망, 두려움의 도움을 받지 않고서 도덕적 제약과 사회질서를 유지할 만큼 충분히 강력한 자연윤리를 형성하는 것이 결코 쉬운 과업이 아니라는 점을 발견하게 될 것이다."

가엾은 월 듀란트! 그것은 단순히 어려운 일이 아니라 불가능한 일이다. 그는 자신과 그의 아내 아리엘 듀란트가 역사의 교훈(*The Lessons of History*)이라는 그들의 저서에 인용하였던 불가지론자 르낭(Renan)의 말을 기억했어야 했다. 듀란트 부부에 따르면, 르낭은 1866년에 다음과 같이 말하였다. "만약 합리주의(Rationalism)가 영혼의 종교적 요구들을 고려하지 않고서 세계를 지배하려고 소원한다면, 그런 대실수의 결과가 어떤 것인지를 가르치기 위하여 프랑스 대혁명의 경험이 있는 것이다."[5] 그리고 듀란트 부부 자신도 동일한 문맥에서 다음과 같이 말하고 있다. "종교의 도움이

---

[5] Durant, *The Lessons of History*, pp. 50, 51을 보라.

없이 도덕적 생활을 성공적으로 유지한 사회에 대한 중요한 사례들이 우리 시대 이전에는 전혀 없다."[6]

　유대-기독교적 세계관의 쇠퇴와 나란히 "다원주의"(pluralism)라는 말의 새로운 정의와 내포가 나타났다. 최근까지 이 용어는, 국가와 사회에서 개신교의 위치가 오늘날에 와서는 미국 초기시대 때보다 지배적이지 못하다는 의미로 이해되었다. 약 1848년 이후부터 미국으로 유입된 이민들로 말미암아 종교개혁에 기반한 기독교적 관점과는 다른 관점을 가진 사람들이 급격히 증가하였다. 물론 이것은 오늘날에도 계속되고 있는 상황이다. 그러므로 오늘날 우리가 종교의 자유를 지지한다고 할 때, 이 자유 안에는 기독교 뿐만 아니라 모든 종교가 국가의 통제로부터 벗어나서 일반적인 종교의 자유를 누린다는 사실을 이해할 필요가 있다. 그것은 그리스도인들만을 위한 자유를 의미하지는 않을 것이다. 그렇다면 자유라는 공개시장에서 기독교가 총체적인 실재의 참 진리(Truth)라는 사실을 보여줄 책임이 그리스도인들에게 있다.

　그러나 미국에서 이 용어의 혼동이 더욱 심해져서 이제 다원주의가 새로운 의미와 내포를 갖게 되었다. 이제 다원주의라는 말은, 모든 유형의 상황이 우리 앞에 있고, 어떤 방식 혹은 다른 방식을 취하는 것은 개인의 변덕스러운 선호에 따르는 각 개인의 책임이라는 의미로 사용되고 있다. 당신이 무엇을 선택하는가의 문제는 단지 개인적인 선택의 문제이며, 어떤 선택이라도 다른 선택과 마찬가지로 유효하다. 다원주의는 어떤 것이든지 다 받아들여질 수 있다는 의미가 되어버렸다. 이런 새로운 다원주의 개념은 갑자기 도처에서 나타났다. 옳고 그름이라는 것은 전혀 없다. 단지 개인적인 선호의 문제일 뿐이다. 예를 들어 최근에 "60분"(Sixty Minutes)이라는 텔레비전 프로에서는 노인의 안락사 문제와 캘리포니아

---

[6] Ibid.

주에서 가장 수지맞는 작물로서 마리화나의 재배 문제를 이런 방식으로 다루었다. 어떤 선택이든지간에 다른 선택과 마찬가지로 유효하다. 그것은 단지 개인적인 선호의 문제일 뿐이다. 이 새로운 다원주의 개념과 그 내포들은 수많은 형태로 나타났는데, 개인윤리에서뿐 아니라 사회윤리와 법과 관련된 여러 선택에서도 제시되었다.

이제 내가 질문을 하나 제기하겠다. 법에까지 미친 이런 변화들이 일어나는 동안에, 40년 전으로부터 불과 수년 전에 이르기까지 결정적인 변화의 시기 동안에 그리스도인 법률가들은 어디에 있었는가? 이런 변화들 모두가, 혹은 거의 대부분이 지난 80년 동안에 닥쳐왔고, 거대하고 강력한 변화들은 지난 40년 동안에 닥쳐왔다. 법에 있어서의 커다란 변화는 우리가 살아온 시기 동안에 일어났다. 자, 이런 변화가 일어났으므로, 우리는 그리스도인 법률가들이 그 변화가 발생하는 것을 보았어야 했으며, 담 위에 올라서서 크고 뚜렷하게 나팔을 불어야 했다고 말할 수 있다. 그리스도인 법률가들이 1940년에서 1970년 사이에 나팔을 뚜렷하게 불지 않았으므로, 나 같이 법률가가 아닌 사람이 그 점에 대하여 어느 정도 실망하는 것도 무리가 아니다.

1974년부터 1976년까지 그러면 우리는 어떻게 살 것인가?(*How Should We then Live*?)를 저술하였을 때, 나는 세속 철학으로부터 작업을 시작하였다. 나는 세속 철학이 낳은 결과들로부터 시작하여서 자유주의 신학의 결과와 예술에 있어서의 결과를 연구하였고 그 다음에 법원, 특별히 대법원에 대하여 연구하였다. 올리버 웬델 홈즈와 다른 사람들의 작품을 읽었는데, 그것들을 읽고는 완전히 질겁하게 되었다는 점을 말해 두어야겠다. 그것은 내가 예전에 철학과 신학, 그리고 다른 학문들을 공부하던 시절 이래로 아주 잘 알고 있었던 내용과 정확하게 일치하는 것이었다.

그러면 우리는 어떻게 살것인가라는 책과 필름 시리즈에서 나는 자의적인 사회학적 법을 가장 명확하게 예시하는 사례로서 대법원의 낙태 소송을 들었다. 그러나 그것은 아주 명백한 하나의 예일 뿐이다. 이 같은 종류의 판결이 법에 무수히 많다. 그것은 확고한 윤리가 아무것도 없는 오늘날의 우리 사회가 어떻게 기능하는가를 보여주는 가장 명백한 예로 플레처(Fletcher)의 상황윤리를 지적하는 것과 유사하다. 이것도 역시 아주 명백한 하나의 예일 뿐이다. 우리 사회는 수많은 방법으로 불안정한 상황윤리에 입각하여 움직이고 있기 때문이다.

낙태 소송도 그와 똑같다. 그것도 역시 아주 명백한 하나의 사례에 지나지 않는다. 이 나라의 법은, 플레처가 그의 윤리에 붙였던 용어를 사용하자면, 상황적인 법이 되어버렸다. 즉 소수의 사람들이 어느 특정한 시점에서 사회에 선한 것이 무엇인지를 자기들의 견해에 따라 자의적으로 결정한다. 그들은 그 결정을 법으로 만들어서, 개인적이고 자의적인 결정들로 사회 전체를 구속한다.

하지만, 당연한 결과이다! 우리가 무엇을 기대할 수 있을 것인가? 이런 것들은 궁극적이고 기본적 실재를 물질-에너지로 보는 인본주의적 개념의 자연적이고도 불가피한 결과들이다. 궁극적 실재를 물질-에너지로, 우연히 생겨났다고 보는 개념에 따르자면, 궁극적 실재는 그 본성상 가치, 원칙 혹은 법의 기초에 대하여서도 침묵하고 있으며, 또한 침묵하여야 한다. "존재"(the is)로부터 "당위"(the ought)를 이끌어 낼 방법은 전혀 없다.[7] 우리는 이 개념이 어떤 결과를 낳을는지 미리 알았어야 했을 뿐 아니라, 실재에 대한 이런 관점의 기초 위에서는 "이 견해가 낳을 수 있는 결론들 이외에는 다른 결론은 아무것도 없다"는 사실을 깨달았어야 했다. 그것은 만물의 근본적 실재가 단지 물질-에너지이며 비인격적인

---

[7] Jacques Monod, *Chance and Necessity* (New York : Alfred A. Knopf, 1971).

우연에 의해 현재의 모습을 갖추게 되었다고 믿는 믿음이 낳은 자연적인 결과이다.

하지만 우리는, 법조계에 종사하고 있는 그리스도인들이 그에 대하여 경종을 울리지 않았으며, 전적으로 인본주의적인 문화에 아주 깊이 빠져 있다는 사실을 말하지 않을 수 없다. 지금 이 순간 우리는 인본주의적 문화 속에서 살고 있다. 그러나 다행스럽게도 우리는 완전히 인본주의화된 문화 속에 있는 것은 아니다. 하지만, 우리가 인식해야 할 것은 모든 추세가 계속 이 방향으로 줄달음쳐 왔다는 사실이다. 만일 이런 추세가 바뀌지 않는다면, 우리는 아주 급속하게 완전히 인본주의화된 문화로 옮겨갈 것이다.

일어난 변화의 핵심은 법, 특히 법원이 이러한 전적으로 인본주의적인 사고방식을 주민 전체에게 "강요하는 도구"가 되었다는 사실이다. 낙태법은 그에 대한 하나의 완전한 예이다. 1973년에 대다수의 미국인들이 낙태를 반대하고 있었다는 사실이 명백한 것 같았는데도 불구하고 대법원의 낙태 판결은 50개 주의 낙태금지법을 무효화시켰다. 그런 반대 의견은 문제가 되지 않았다. 대법원은 자의적으로 낙태가 합법적이라고 판결하였다. 그리고 하룻밤 사이에 그들은 각 주의 법을 무너뜨렸고, 미국 사람들에게 낙태가 합법적일 뿐만 아니라 윤리적이라는 사상을 강요하였다. 그들의 판결이 법적으로나 의학적으로나 모두 자의적이었음에도 불구하고, 그들은 엘리트라는 자격으로 자기들의 의지를 대다수의 사람들에게 강요했다. 그러므로 법과 법원은 주민들에게 전적으로 세속적인 개념을 강요하는 도구가 된 것이다.

그러나 나팔을 불지 않았던 것은 그리스도인 법률가들만이 아니라는 사실이 그들에게는 위로가 될 것이다. 성경을 진리로 믿는 신학자들도 역시 나팔을 부는 데는 그다지 뛰어나지 못하였다. 1893년에 찰스 브릭스(Charles A. Briggs) 박사는 자유주의 신학을 가르쳤기 때문에 장로교 목사직에서 쫓겨났다. 자유주의 신학이란 단지 신학적 용어로 표현된 인본주의일 뿐이라는 점을 다시 한번 말해 두고자 한다. 그런데 브릭스 박사가 장로교 목사직에서 쫓겨난 이후에는 놀랄 정도로 커다란 침묵이 계속되었다. 20년대와 30년대에 이르기까지 성경을 진리로 믿는 신학자들 가운데 나팔을 분 사람은 거의 없었고, 혹시 있었다고 해도 몇몇 신학자들만이 크게 나팔을 불었을 뿐이다. 20-30년대가 되자 이미 때는 너무 늦어버려서, 대부분의 오래된 교파는 두 개의 세력 중심인 총회사무국과 신학교를 자유주의 신학에게 빼앗겨 버렸다. 그 때가 되어서야 목소리가 높아졌지만, 그러나 거의 예외없이 그때는 너무 늦어 있었다. 그때부터 점점 더 자유주의 신학자들은 생활 스타일의 문제와 사회학적 법의 판결과 같은 문제에 있어서 세속적 인본주의자들의 편을 들게 되었다.

신학의 위기를 깨닫지 못했던 신학자들은 법에 있어서 그리고 문화 전체에 있어서 무슨 일이 일어나고 있는지에 대하여 전혀 알지 못하였던 것 같았다. 그리하여 신학자들은 한 세계관에서 완전히 다른 하나의 세계관으로 변해가는 것을 지켜보는 것 이외에는 뾰족한 수가 없었다. 그리스도인 교육자들도 마찬가지로 별 수 없었다. 대응을 잘 하지 못한 책임을 질 사람은 아주 많다 — 그리스도인 교육자들, 그리스도인 신학자들, 그리스도인 법률가들. 이들 중 누구도 우리가 인본주의에 기초한 문화 속으로 점점 더 깊이 빠져들어 갈 때까지 나팔을 크게 불지 않았다.

그러나 책임의 문제를 계속 규명한다고 해서 오늘날 우리에게 도움이 되지는 않는다. 우리가 앞으로 더 잘 대처해 나가려면, 이런 일들을 부분적으로만 보는 것을 그만두어야 한다는 사실을 깨달아야 한다. 하나의 총체적인 실체가 다른 하나의 총체적인 실체와 대립한 것이라는 사실을 우리가 이해해야 한다. 그것은 궁극적이고 총체적인 실재에 대한 진리와 관련이 있다. 단순히 종교적 실재에 관한 것이 아니라 전반적인 실재에 관한 것이다. 그리고 궁극적 실재에 관한 우리의 견해는, 그것이 비인격적인 우연에 의하여 형성된 물질-에너지이든지 혹은 살아계시는 창조주 하나님이든지간에, 오늘날 우리가 직면하고 있는 모든 결정적인 문제들에 대한 우리의 입장을 결정할 것이다. 그것은 우리의 가치관과 인간의 존엄에 관한 견해를 결정할 것이며, 개인적 삶과 사회적 삶의 기초를 결정지을 것이며, 법이 나아갈 방향을 결정할 것이고, 또한 자유가 계속될 것인지 아니면 어떤 종류의 독재적 지배가 나타날지를 결정할 것이다.

제 4 장
인본주의 종교

인본주의자들은 궁극적 실재에 대한 그들의 견해를 우리에게 공공연히 이야기해 왔다. 인본주의 선언 I(1933)의 8 페이지[1]에서 그들은 다음과 같이 말하고 있다.

> 독실한 인본주의자들은 우주가 스스로 존재하고 있으며, 창조된 것이 아니라고 간주한다.
> 인본주의는 근대 과학이 묘사한 우주의 본질에 의하면 인간적 가치들에 대한 초자연적인 혹은 우주적인 보장들을 받아들일 수 없다고 주장한다.

그리고 칼 세이건은 공영 텔레비전의 "코스모스"라는 쇼 프로그램을 통하여 의심하지 않고 받아들이는 수백만의 시청자들에게 이 인본주의적인 궁극적 실재 개념을 주입하였다. "우주는 여태껏 존

---
[1] *Humanist Manifestos I and II* (New York : Prometheus Books, 1973).

재해 왔으며, 지금 존재하고 있고, 또 앞으로도 항상 존재할 뿐이다." 인본주의적 견해는 사회의 모든 분야에 침투하였다.

만일 우리가 효과적인 방법으로 그 전투에 참여하려 한다면 — 그리스도인들은 참으로 우리 사회와 문화에 소금과 빛이므로 — 우리는 마땅히 모든 전선에서 전투를 벌여야 한다. 우리는 자유를 위한 전선에서만 싸워서는 안 된다. 특히 오직 우리의(그리스도인들의) 자유를 위해서만 투쟁해서는 안 된다. 그 싸움은 참 진리(Truth)를 기반으로 해야 한다. 단지 종교적인 진리들이 아니라 궁극적 실재가 무엇인가에 대한 참된 진리(Truth)를 기반으로 해야 한다. 비인격적인 물질인가, 아니면 살아계시는 하나님인가?

인본주의 선언 I과 II 둘 다 인본주의를 종교라고, 하나의 신앙이라고 선언한다. 인본주의 선언 I의 3, 7 페이지, 인본주의 선언 II의 13, 24 페이지. 인본주의 선언 I의 9 페이지에는 그것을 아주 정확하게 다음과 같이 쓰여 있다. "인간적인 것 가운데 종교적이지 않은 것은 아무것도 없다." 모든 그리스도인들은 이 점을 알고 가르쳤어야 했으며, 또한 이에 입각하여 행동했어야 했다. 종교는 인간의 삶과 사고의 모든 부분과 관계가 있다. 그리고 기독교와 인본주의라는 이 두 종교는 모든 면에서 서로 반대된다.

인본주의를 종교라고 말한 것은 두개의 인본주의 선언 뿐만이 아니다. 대법원도 역시 그것을 종교라고 선언하였다. 특별히 1961년의 "토르카소 대(對) 왓킨즈"(Torcaso v. Watkins) 소송은 세속적 인본주의가 유신론적 종교 혹은 유신론이 아닌 다른 종교들과 동등한 하나의 종교라고 정의하고 있다.

인본주의 선언 II의 19 페이지에는 다음과 같이 쓰여 있다. "국가는 공적인 돈을 사용하여 특정 종교 단체를 두둔할 수 없다……." 우습게도, 미국 정부와 법원이 다른 모든 종교들보다 더 두둔하고 있는 것이 바로 "인본주의 종교"이다!

1961년의 "토르카소 대 왓킨즈" 소송에 대한 대법원의 판결은 또 다른 면에 있어서도 교훈적이다. 그 판결은 대법원이 28년이라는 기간 동안 기독교적 입장에서 인본주의적 견해로 철저히 변하였다는 사실을 보여준다. 양심에 따른 병역기피 문제를 다룬 1933년의 "미국 대 매킨토쉬"(MacIntosh) 소송에서, 대법원 판사 휴(Hughes)는 반대 의견을 내면서 다음과 같이 진술하였다.

> 종교의 본질은, 어떠한 인간적인 관계로부터 생겨나는 의무들보다 상위에 있는 의무들을 포함하고 있는 하나님과의 관계를 믿는 것이다……종교의 역사적이고 본질적인 의의를 올바르게 이해한다면, 종교의 자유를 논할 때에는 반드시 하나님의 뜻에 최상의 충성을 바쳐야 한다는 믿음이 존재한다고 가정하여야 한다.

역시 양심적인 병역 기피 문제를 다룬 1965년의 "미국 대(對) 시거"(Seeger) 소송에서 대법원은 종교적 신앙의 시금석은 "면제 받을 만한 자격이 있다고 일반적으로 인정되는 하나님에 대한 신앙이 차지하는 자리와 필적하는 정도의 자리를, 그 신앙을 소유한 사람의 삶에서 차지하고 있는 진지하고 의미깊은 믿음"이라고 주장하였다. 이런 주장은 물론 1933년의 입장으로부터 근본적으로 변한 입장이다.

1961년의 "토르카소 대 왓킨즈" 소송은 그 마지막 단계였다. 이 때가 되면, 유신론적 종교들, 무신론적 종교들 그리고 순전하게 유물론적인 인본주의가 일종의 종교로서 모두 동등하게 취급된다. 그 변화는 1933년에서 1961년에 이르는 28년 동안에 완결되었다.

우리는 본래 유대-기독교적 기초에서 생겨난 민주주의 공화국 안에서, 즉 미국에서 살고 있다. 이 기초가 제공하는 자유를 오늘날의 세계에서는 점점 더 보기 힘들다. 우리가 이 자유를 여전히 갖고 있는 동안에, 확실히 이것을 이용해야 한다. 몇 년 전에 어떤 비그리스도인 그룹이 여론 조사를 실시하였는데, 그 결과에 의하면 오늘날 자유를 누리고 있다고 인정할 수 있는 나라는 전세계적으로 약 150여개국이었다. 그중에서도 25개국이 조금 못되는 수의 나라들이 의미있는 자유를 누리고 있다고 평가되었다. 우리도 여전히 그 자유를 누리고 있다. 그리고 그 자유를 누리고 있는 동안에, 자유를 위하여 중요한 일을 하고, 우리의 민주주의 안에서 자유를 이용하는 것은 우리의 소명이다.

가장 근본적인 문제는 우리의 법과 정부, 사회와 문화가 현재와 같은 상황에 처하게 된 이유가 어떤 음모 때문이 아니라, 교회가 문화의 소금이 되어야 한다는 자신의 의무를 저버렸기 때문이라는 점이다. 항상 그래야 했던 바를 이제라도 행하는 것, 즉 자유를 이용하여 문화의 소금으로 존재해야 한다는 것이 교회의 특권일 뿐만 아니라 의무이다. 만약 국가가 독재주의로 전락할 위험이 있다면, 우리에게는 존 화이트헤드가 "개혁적인 의미에서의 총체적 혁명"이라고 부른 일에 몰두할 헌신적인 기독교회가 필요하다.[2]

우리들 가운데 몇몇 사람들은 아마도 "모랄 마조리티"(Moral Majority)에 대하여, 그리고 그들이 말했던 어떤 내용들에 대하여 몇가지 의문을 품고 있을지도 모른다. 그러나 "모랄 마조리티"와 같은 어떤 것에 관한 정보를 세속 대중매체로부터 얻지 말아야 한다는 점을 명심해야 한다. 세속 대중매체는 오늘날 우리 문화의 다른 모든 영역과 마찬가지로 거의 대체적으로 인본주의적 관점을 갖고 있다. 만일 우리가 그와 같은 어떤 주제에 관하여 판단을 내리려고 한다면, 인본주의적 관점으로 사물을 바라보는 대중매체로부터 우리의 최종 판결을 이끌어내어서는 안 되며, 또한 그러한 주제를 순진하게 대중매체가 보는 방식으로 보아서도 안 된다. 대중매체는 개인윤리와 사회윤리의 기준에 있어서 궁극적으로 상대주의적 체계라는 안경을 쓰고 바라보기 때문에, 대부분의 경우, 사물

---

[2] John W. Whitehead, *The Second American Revolution*.

들을 그들 자신의 방향에 맞추기 위해 부정직하게 왜곡할 필요조차 없다.

대중매체가 객관성을 결여하고 있다는 사실을 잘 보여주는 예가 공영 텔레비전이다. 우리가 방문했던 워싱턴 D.C.의 공영 텔레비전 PD들 가운데 한 여류 PD는 낙태, 영아 살해, 안락사에 대한 그리스도인의 자세(*Whatever Happened to the Human Race?*)라는 필름을 시청하기를 거절했으며, 심지어는 관심도 두지 않았다. 그러나 이 필름이 낙태에 대하여 어떤 입장을 취하고 있는지를 듣자, 그녀는 "우리는 한 가지 관점만을 제시하는 프로그램을 만들 수 없다"고 변명하였다.

바로 그때 공영 텔레비전은 "어려운 선택들"(Hard Choices)이라는 프로그램을 방영하고 있었는데, 그것은 낙태를 전적으로 찬성하는 입장으로 기울어져 있는 프로그램이었다. 이 프로그램에 수반된 "연구 지침"(Study Guide)은 궁극적 실재에 관한 전적으로 유물론적인 관점을 다음과 같이 명백하게 옹호하고 있다.

> 거의 대다수의 사람들이 우주에는 어떤 계획이나 힘이 있다고 믿고 있다. 그리고 그것은 일상적인 인과관계의 역학 바깥에서 작용하고 있다고 믿는다. 또한 아무튼간에 그것이 눈에 보이는 세계의 질서와 도덕적 질서를 만들어내었다고 믿고 있다. 현대의 생물학은 이런 전제를 잠식하였다. 과학이 유대-기독교적 윤리 전통과 완전히 양립할 수 있다는 주장이 종종 제기되지만, 사실상 그렇지 않다……
>
> 심지어 고대에 있어서도, 세계가 형성된 것은 우연에 의해서였다고 보는 기계론적 인생관을 주장한 소수의 사람들이 확실히 존재하였다. 그러나 상위의 질서가 있다는 믿음이 지배적이었다. 그런 믿음은 어거스틴, 루터, 틸리히와 같은 신학자들에게서 발견되는 것처럼 뉴턴, 하비(Harvey), 아인슈타인과 같은 과학자들에게서도 쉽게 발

견된다. 그러나 다윈과 더불어 생물학은 그 전통을 잠식해 왔다. 다윈은 사실상 살아있는 모든 유기체가 우연과 필연의 결합, 즉 자연선택에 의하여 생겼다고 주장하였다.

20세기에 와서, 이러한 인생관은 일련의 발견들에 의해서 더욱 강화되었다……

남아있는 유일한 전선은 정신(mind)인데, 그러나 이것도 언젠가는 사고하는 로봇의 형태로 복제될 수 있거나, 혹은 뇌 속의 화학과 전기라는 용어로 분석될 수 있을 것이다. 이것을 의심한다면, 그것은 근시안적인 태도가 될 것이다.

생물학에서의 모든 새로운 발견들로 말미암아 그 입장이 강화된 듯한 극단적인 기계론적 인생관은 몇 가지 함축의미를 가지고 있다. 첫째, 하나님은 물리적 세계에서 아무런 역할을 하지 않는다……

둘째, 개연성의 법칙과 인과의 법칙을 제외하고는 세상의 구성원리는 아무것도 없으며, 어떠한 목적도 없다. 따라서 사물의 본성에 속하는 도덕적, 윤리적 법은 전혀 없으며, 인간 사회의 절대적인 지도 원칙도 전혀 없다. 기계론적 인생관은 윤리와 관련하여 아마도 단지 한 가지의 확실한 함축의미만을 가지고 있다. 우리는 새로운 사회 환경에 우리의 도덕을 보다 자유로이 적응시켜야 한다. 우리는 이미 거기에 상당히 익숙해져 있다……. 그 결과의 하나로, 윤리적 선택들이 점점 더 어려워지는 것 같은데, 그것은 사람들이 도덕적이지 못해서 그런 것이 아니라, 그들의 선택을 옛날 이야기(기독교적 윤리)로 정당화할 수 없을 것이기 때문이다.[3]

---

[3] William B. Provine, "The End of Ethics?" in *Hard Choices* (같은 이름의 텔레비전 시리즈와 함께 나오는 잡지) (Seattle : KCTS-TV, channel 9, University of Washington, 1980), pp. 2, 3.

여기서 볼 수 있듯이, 공적인 세금이 낙태를 옹호하는 데 쓰여지고 있을 뿐만 아니라, 우주가 우연에 의해 만들어졌고, 어떤 궁극적인 목적도 없으며 도덕(그리고 법)은 순전히 사회적 선택의 문제에 지나지 않는다고 생각하는 유물론적이고 기계론적인 우주관의 전체 내용을 텔레비전을 통하여 가르치는 일에도 사용되고 있는 것이다. 유대-기독교적인 견해는 "옛날 이야기"의 범주로 밀려났다.

이것이 인본주의 선언 II의 13페이지에 나오는 말과 얼마나 유사한지 보라.

> 1933년(인본주의 선언 I이 나왔던 해)과 마찬가지로 인본주의자들은 여전히 전통적인 유신론 특히 기도를 들어주시는 하나님에 대한 믿음, 즉 인간을 사랑하고 돌보며, 그들의 기도를 듣고 이해하며, 또한 그들에 관하여 중요한 일을 하실 수 있다고 여겨진 하나님에 대한 믿음은 증명되지 않은 것이며, 시대에 뒤진 신앙이라고 믿고 있다. 단지 단언에 입각한 구원개념은 여전히 해롭게 보이며, 내세의 하늘나라에 대한 거짓된 희망으로 사람들을 오도하는 것 같다. 합리적인 지성인들은 다른 생존수단들을 기대한다.

다시 한번 우리는 공영 텔레비전이 방영한 칼 세이건의 "코스모스"가 독단적으로 가르친 내용, 즉 비인격적인 우주는 여태껏 존재해 왔으며, 지금 존재하고 있고, 앞으로도 항상 존재할 뿐이라는 주장을 상기한다.

이런 상황에서 우리는 대중매체의 객관성을 기대해서는 안 된다.

심지어 매우 존경받는 논평가들의 경우에도 그러하다. 월터 크론카이트(Walter Cronkite)는 CBS 저녁 뉴스의 앵커맨 자리를 은퇴하는 전날 밤에 몬테 카를로(Monte Carlo)에서 인터내셔널 헤럴드 트리분(*International Herald Tribune*)지의 제프리 로빈슨(Jeffrey Robinson)과 인터뷰를 하였는데, 그 내용이 1981년 2월 18일자에 특집으로 실렸다. 그 인터뷰에서 월터 크론카이트는 민주주의가 앞으로도 적합한 정치철학인지의 여부에 대하여, 즉 민주주의가 계속 잘 되어나갈지에 대하여 의문을 제기하고 있다. 그 인터뷰를 보도하면서 트리분지는 다음과 같이 쓰고 있다.

> 그(크론카이트)는 과학기술이 고도로 발달한 오늘날의 상황에서 민주주의가 적합한 정치철학인가라는 문제에 관하여 몇 가지 의문점들이 있는 것 같다고 진지하게 주장하였다.

그 기사는 계속해서 크론카이트의 말을 다음과 같이 직접 인용하고 있다.

> "나는 그 질문에 대한 대답이 즉각적으로 부정적인 쪽으로 내려진다고 말하고 있는 것은 아니다. 나는 민주주의를 지지한다. 나는 단지 어떤 의문이 있다고 말하고 있는 것이다. 민주주의가 잘 되어나갈 수 있다고 우리가 확신할 수 있으려면 그 전에 설명되어야 할 것들이 엄청나게 많다고 나는 생각한다."

대중매체, 특히 텔레비전은 현재 일어나는 사건들에 대한 인식뿐만 아니라 정치과정에 대한 인식까지도 실제로 바꾸어 놓았다. 사물들이 텔레비전을 통하여 쉽게 제시될 수 있게 된 결과, 어떤 것에 대한 인식이 사실 그 자체와는 매우 달라질 수 있다는 점을 우리는 깨달아야 한다. 텔레비전은 정치적 사건들을 보도할 뿐만 아니라 정치 과정에 능동적으로 개입한다. 즉, 선입견 때문이든지 혹은 이야기를 좋게 꾸미려는 이유 때문이든지간에 텔레비전은 정치 과정을 보도하고 그 결과 정치 과정에 영향을 주며, 나아가 정치 과정 자체의 필수적인 한 부분이 되어 버린다. 그 좋은 예로서 1980년의 공화당 전당 대회에서 제럴드 포드(Gerald Ford)의 부통령 출마를 월터 크론카이트가 지지했던 사례를 들 수 있다.

우리는 대중매체가 선거를 통해 선출되지 않은 연방정부의 관료제와 상당히 유사한 방식으로 움직이고 있다는 사실을 깨달아야 한다. 그들은 너무나 강력하기 때문에, 마치 그들이 미국 정치에 있어서 (입법부 행정부 사법부 다음의) 네번째 부서인 것처럼 행동한다. 워싱턴 월보(*The Washington Monthly*)의 편집장인 찰스 피터스(Charles Peters)는 그의 저서 워싱턴은 실제로 어떻게 돌아가고 있는가(*How Washington Really Works?*)[4] 에서 대중매체가 연방정부의 "겉치레"를 폭로하는 대신에, "쇼의 한 부분"이 되었다고 적고 있다.

그러므로 텔리비전은 (그리고 일반적인 대중매체들은) 뉴스를 보도할 뿐만 아니라 뉴스를 만들어 낸다. 어떠한 사건에 대한 것이라도 우리의 "인식"을 바꿀 수 있는 대중매체의 능력은 민주주의적 과정과 관련하여 심각한 문제들을 제기한다.

그 해결책은 크론카이트가 인터뷰에서 제시한 것 ― 아마도 민주주의가 아닌 다른 정치철학으로 변화하는 방법 ― 은 아니다. 그 해결책은, 텔레비전이 자기가 갖고 있는 선입견대로 뉴스 보도를 "편집"하는 것을 어떻게 해서든지 제한하는 것이며,[5] 또한 특별히 정치 과정에 개입하는 일을 못하도록 제한하는 것이다.

이런 와중에서 그리스도인들은 자기들이 읽은 내용이나 특히 텔레비전을 시청하여 얻은 내용들을 객관적인 것이라고 무비판적으로 받아들여서는 결코 안 된다. 이것은 다루고 있는 주제가 그들의 세계관에서는 보통 옳다고 주장되지만, 우리는 그와 다르게 알고 있는

---

[4] Charles Peters, *How Washington Really Works* (Reading, Mass. : Addison ―Wesley Pub. Co., 1980), p. 17.

[5] 그러면 우리는 어떻게 살 것인가? 제12장을 보라.

것일 경우에 특히 더 그러하다.

　다시 모랄 마조리티로 돌아와서, 이 단체가 항상 올바른 것만을 말해 왔다고 생각하든지 혹은 그 반대이든지간에, 또는 이 단체가 몇 가지 실수를 저질러 왔다고 생각하든지 혹은 그 반대이든지간에, 이런 우리의 생각과는 관계없이, 이 단체는 확실히 올바른 일 하나를 행하였다. 그들은 우리가 정치 영역에서 여전히 누리고 있는 자유를 이용하여 다른 총체적 실체에 대항하였다. 그들은 법이 왕이며, 법은 법을 만드는 사람들보다 상위에 있고, 하나님께서는 법의 상위에 계신다는 사실을 법과 정치 영역 속으로 가져왔다. 이 영역에서 그 사실은 항상 인정되었어야 했다. 그리고 이것은 참된 영성의 한 부분이다.

　모랄 마조리티는 실재에 대한 하나의 총체적인 견해와 다른 총체적인 견해 사이에 구분선을 그었고, 그 결과 정부와 법에 있어서 열매를 맺었다. 그리고 만약 당신이 개인적으로 이 단체가 행한 일의 세세한 부분들 가운데 어떤 것들을 좋아하지 않는다면, 그보다 더 나은 결과를 얻기 위하여 노력하라. 그러나 모든 그리스도인들이 그와 동일한 종류의 일을 하여야 한다는 점을 당신은 이해해야 한다. 그렇지 않으면, 당신은 삶의 모든 영역에서 그리스도의 주 되심을 나타내지 못하고 있는 것이다.

제 5 장
부흥, 혁명, 그리고 개혁

 지난 수십 년 동안 미국의 복음주의 지도자들을 살펴보면, 불행하게도 그들이 그다지 큰 역할을 하지 못하였다는 결론을 내리지 않을 수 없다.
 미국의 복음주의는 너무나 자주 플라톤적이며 지나친 영성주의적 기독교의 징후를 보여왔다. 복음주의 지도자들이 이해하는 영성이란 흔히 삶의 전영역에 대한 그리스도의 주 되심을 인정하는 신앙과는 다른 것이었다. 이 영성은 종종 아주 좁은 영역으로 한정되었다. 또한 복음주의 지도자들을 포함한 많은 복음주의자들에게 있어서 궁극적인 목표였던 것은 그들 자신의 계획을 옹호하는 것이었다. 복음주의가 전적으로 그랬다고 말하는 것은 아니다. 그러나 이때까지 매우 자주 나타났던 모습을 이야기하는 것이다. 나는 다시 질문을 제기한다. 왜 우리는 길에서부터 그토록 멀리 탈선할 때까지 스스로를 방치해 두었는가? 틀림없이 이 질문 자체가 하나의 대답이기도 할 것이다.
 자, 여러분은 이것이 다소 새로운 현상이라는 점을 기억해야 한다. 복음주의 지도자들은 과거의 부흥 운동들에 대하여 매우 호의적으로 이야기한다. 그러나 그들은 그런 부흥 운동들의 모습이 어떠했는지는 잊어버리고 있는 것 같다. 실제로, 과거에 영국이나 스칸디나비아, 그리고 미국에서 일어났던 부흥 운동들은 의심할 여지 없이, 너무나 명백하게 개인의 구원을 요구하였다. 그러나 그 부흥 운동들은 마찬가지로 그에 따르는 사회적 행동도 요구하였다. 과거의 부흥 운동들에 관한 역사를 읽어보라. 모든 부흥 운동들이 다 이러하였다. 아마도 존 웨슬리(John Wesley, 1703-1791)와 조지 휫트필드(George Whitefield, 1714-1770)의 대부흥 운동이 가장 좋은 예가 될 것이다.

웨슬리에 대해 하워드 스나이더(Howard A. Snyder)는 다음과 같이 말한다.

> 도시로의 이주는 웨슬리가 살았던 시대에 새로운 도시 빈민 계층을 양산해 냈다. 산업혁명이 한창 진행중이었으며, 석탄으로 더욱 가열되었다. 웨슬리가 킹스우드에서 석탄 광부들에게 설교할 당시에, 그는 산업화로 인하여 가장 잔인하게 유린당한 사람들과 접촉하고 있었던 것이다. 그러나 그의 설교에 대한 석탄 광부들의 반응은 놀랄 만한 것이었고, 웨슬리는 그들의 정신적, 물질적 복지를 위하여 지칠 줄 모르고 일하였다. 많은 일들 가운데서, 특히 그는 무료 의무실(양호실)을 열었으며, 일종의 신용 조합을 설립하였고, 학교와 고아원을 설립하였다. 그의 사역은 계속 뻗어나가 납을 채굴하는 광부들, 철 제련공들, 놋쇠와 구리 제조 노동자들, 채석장의 인부들, 부두 노동자들, 농장 노동자들, 죄수들과 여성 산업 노동자들까지 포함하게 되었다.
>
> 사회의 제물이 된 이런 모든 사람들에게 웨슬리는 예수 그리스도의 복음을 제공하였다. 그러나 그는 더 많은 일을 하였다. 그는 그들을 밀접하게 연결된 교제관계로 조직하

였는데, 그 속에서 그들을 보살필 수 있었고, 지도자들을 길러낼 수 있었다. 또한 그는 그들의 생활 조건을 개혁하기 위하여 일하였다.

그의 노력은 복지 대책을 넘어서서 창조적인 경제적 대안을 찾는 데까지 나아갔다. 그는 예리한 많은 글들을 통하여 주요한 개혁조처들을 실시하기 위한 여론을 환기시켰다. 그는 "마치 홍수처럼 우리나라를 휩쓸고 있는 불경건함과 부정의에 대항하여 공공연히 일어서는 것은 그리스도의 대적들의 목전에서 그리스도를 고백하는 가장 고상한 방법 가운데 하나"라고 확신하였다.[1]

웨슬리와 휘트필드의 부흥 운동은 개인의 구원을 요구한다는 점에서 참으로 엄청난 결과를 낳았고, 많은 사람들이 구원을 얻었다. 또한 심지어 세속의 역사학자들까지도 웨슬리의 부흥운동으로부터 나온 사회적 결과들이 영국을 프랑스 혁명과 같은 유형에서 건진 원인이라고 인정하고 있다. 만약 웨슬리의 부흥과 그에 따른 사회적 결과들이 없었다면, 아마 영국도 틀림없이 그 나름대로의 "프랑스 혁명"과 같은 경험을 하였을 것이다. 우리는 그리스도인 선구자들의 이름을 자랑스럽게, 그리고 하나님께 감사드리는 마음으로 외쳐 불러야 할 것이다. 산업혁명의 와중에서 가난한 자를 위한 정의를 실현하기 위해 감연히 일어섰던 샤프츠베리 경(Lord Shaftesbury, 1801-1855), 미국보다도 훨씬 전에 노예제 소유를 허용하고 있었던 영국을 법적으로 그리고 전적으로 노예제에서 돌아선 나라로 변화시킨, 가장 위대한 한 사람인 윌리엄 윌버포스(William Wilberforce, 1759-1833), 이 사람들은 이런 일들을 부수적인 일로 하였던 것이 아니다. 오히려 이들은 그 일이 그리스도 복음의 한 부

---

[1] Howard A. Snyder, *The Radical Wesley* (Downers Grove, Ill. : InterVarsity Press, 1980), pp. 86, 87.

분이라고 생각했기 때문에 그 일을 한 것이다. 하나님께서는 부흥 운동에 관련된 사람들을 사용하셔서 개인의 구원만을 이루어 놓으신 것이 아니라, 사회적 행동도 하도록 하셨다.

여러분들이 60년대의 반(反)문화운동(counter-culture movement)의 지도적 인물로 알고 있는 제레미 리프킨(Jeremy Rifkin)은 1980년에 엔트로피(*Entropy*)[2]라는 책을 썼다. 이 책에서 그는 과거의 부흥 운동들이 사회적 행동을 낳았다는 사실을, 복음주의 지도자들이 흔히 이해하고 있는 것보다 훨씬 잘 이해하고 있음을 보여준다.

그는 생태계에 대한 기독교적 관점을 쓴 환경오염과 인간의 죽음(*Pollution and the Death of Man*)이라는 나의 책의 내용을 그가 "제2의 종교개혁"이라고 부르는 장(章)에서 자세히 인용하면서, 생태학에 대한 기독교적 대답 속에 또 다른 하나의 가능성이 있다는 점을 지적하였다. 비록 그가 그리스도인은 아니지만 (이렇게 판단하는 이유는 그가 계속 범신론적 체계를 유지하고 있기 때문이다), 그는 실제로 어떤 중요한 내용을 이해하고 있다. 그는 실제로 부흥 운동의 시대와 오늘날에 있어서 사회적 행동을 위한 기독교적 답변이 있으며, 생태학과 같은 분야에 있어서도 기독교적 답변이 있다는 점을 이해하고 있다.

이제 미국으로 눈을 돌려 보면, 복음주의 진영에서는 휘튼(Wheaton) 대학이 이름을 떨치고 있다. 예전에는 오벌린(Oberlin) 대학이 성경을 진리로 믿는 대학으로 크게 알려져 있었다. 그러나 지금은 더 이상 그렇지 않다. 오벌린 대학은 이제 자유주의로 돌아섰다. 다행스럽게도 휘튼 대학은 그렇지 않다.

그러나 대부분의 사람들이 알지 못하고 있는 사실은, 휘튼 대학의 설립자이자 학장이었던 조나단 블란차드(Jonathan Blanchard,

---

[2] Jeremy Rifkin, *Entropy* (New York : Viking, 1980), pp. 234-240.

1811-1892)와 오벌린 대학의 학장이었던 찰스 피니(Charles Finney, 1792-1875)가 노예제와 관련하여 사회적 행동의 문제에 놀랄 만큼 관심을 갖고 있었다는 점이다. 그들은 미국에서 사회적 행동을 요구하였던 위대한 두 목소리였고, 두 사람 모두가 아주 확고하게 다음과 같이 선언하였다. "만일 어떤 법이 잘못되어 있다면, 당신은 그것에 불복종해야 한다." 두 사람 모두, 필요할 경우에는 시민 불복종을 요구하였다.

피니는 그의 조직신학(*Systematic Theology*) 158페이지에 다음과 같은 표제를 붙이고 있다. "나는 이제 정부의 형태 및 혁명의 권리와 의무에 관하여 몇 가지 언급하고자 한다." "혁명의 권리와 의무"라는 그의 표현을 똑똑히 보라. 162페이지에서 그는 다음과 같이 말하고 있다. "'우리 나라가 옳으냐 그르냐'는 말보다도 더 구역질나고 불쾌한 격언은 거의 상상할 수 없다." 계속하여 그는 정부가 하는 모든 일이 다 지지받을 수 있는 것은 아니라는 점을 강조하고는, 멕시코 전쟁과 노예제를 예로 든다. 157페이지에서 그는 "자의적인 입법은 결코 실제로 강요될 수 없다"고 말한다.[3]

그리고 우리는 조나단 코프만(Jonathan Kaufman)이 월 스트리트 저널(*Wall Street Journal*)지에 쓴 말이 옳았다는 사실을 잊어서는 안 된다 : "······미국 혁명의 씨앗을 뿌리도록 도운 것은 250년 전에 있었던 대각성 운동이었다······."[4]

우리의 복음주의 지도자들은 그 유산을 망각해 버린 것 같다. 낙태, 영아 살해, 안락사에 대한 그리스도인의 자세라는 책과 필름 시리즈가 출판되었을 때, 우리는 매우 교훈적인 어떤 사실을 목격하게 되었다. 낙태와 영아 살해, 안락사, 그리고 모든 인간의 독특한 존엄성과

---

[3] Charles Finney, *Systematic Theology* (Minneapolis : Bethany Fellowship, Inc., 1976).

[4] Jonathan Kaufman, "Old Time Religion, An Evangelical Revival Is Sweeping the Nation But with Little Effect", *Wall Street Journal* (July 11, 1980).

가치를 파괴하는 것에 대해 공공연히 반대하여 일어서기를 요구하였을 때, 처음에는 그것이 받아들여지지 않았다. 많은 복음주의 지도자들이 낙태에 관하여 완전히 침묵을 지켰거나 혹은 실제로 침묵이나 다름없는 정도의 발언만을 했을 뿐이었다. 그런 정도의 발언은 인간의 생명과 관련된 전투에 있어서는 침묵하는 것보다 더 못하다.

낙태, 영아 살해, 안락사에 대한 그리스도인의 자세에 관한 세미나들은 참으로 놀라운 세미나였다. 나와 내 아내는 사람들이 세미나와 모임에 참석한 후에 그토록 헌신적으로 실천에 옮기는 것을 이전에는 결코 본 적이 없었다. 사람들이 그런 세미나에 참석한 후에 변화가 일어났다. 부끄럽게도, 그 이전에는 미국 전역에서뿐만 아니라 영국에서도 낙태에 반대하는 운동에 참여한 복음주의자들은 극소수였다. 우리는, 그것은 "로마 카톨릭의 문제"라고 부르면서 인간의 생명을 위한 전투를 로마 카톨릭에 떠넘겨 버렸던 것이다. 다행스럽게도 이 세미나 계획 이후에는 인간 생명의 문제의 중요성을 깨닫고, 법에 대한 그리스도의 주권을 바로 이 매우 중요한 영역으로 확장시키려는 복음주의자들의 수가 보다 많아졌다.

그러나 보통 세미나에 참석하는 사람들은 많지 않았다. 우리는 그 원인이, 종종 많은 복음주의 지도자들이 그 일에 관련하기를 원치 않았기 때문이라는 점을 알게 되었다. 어떤 사람들에게 있어서는 플라톤적 영성이라는 감옥이 걸림돌이었다. 따라서 이것은 당연히 그들로 하여금 이런 종류의 전쟁에 개입할 능력을 잃어버리게 한다. 프랭키 쉐퍼 5세는 범용에의 탐닉(*Addicted to Mediocrity*)에서 다음과 같이 쓰고 있다.

> 하나님은 모든 인간과 전우주와 만물을 지으신 창조주이든지, 아니면 아무것도 지은 바 없는 창조주이든지 둘 중 하나이다. 만약 하나님이, 단지 몸과 영혼, 실제 세계와 정신 세계 사이의 긴장에 이르게 될, 어떤 분열된 플라톤적

존재만을 창조한 분이라면, 만약 하나님이 "주를 찬양하는" 극히 제한된 영적 실체의 창조주일 뿐이라면, 그는 별로 하나님답지 못하다. 실로 그는 전혀 스스로 존재하는 자가 아니다. 만약 우리 그리스도인의 삶이 실제적인 어떤 것, 매일매일 적용할 수 있고, 이해할 수 있고, 아름답고, 입증할 수 있고, 균형잡혀 있고, 지각이 있으며, 무엇보다도 통합된 전체인 어떤 것이 아니라, 영적이고 종교적인 어떤 것으로 되어버릴 수 있다면, 만약 우리 기독교가 참으로 19세기의 플라톤적 기독교가 빠져들어간 이러한 엉거주춤한 영적 감상주의가 되어버린다면, 진리로서의 기독교는 사라지고 그 대신 그 빈 자리에 단지 모호하고 경험적인 종교의 진부한 내용들만을 갖게 될 것이다.[5]

어떤 사람들에게 있어서는 세미나 때문에 그들 자신의 계획이 방해받지 않기를 원하는 것이 문제였다. 그 때문에 세미나에 참석하도록 격려하지 않을 뿐만 아니라, 다른 모임들이 계획되어 있어서 세미나 참석을 방해하기도 하는 사례들이 있었다. 매우 불행한 일이었다. 아니, 그리스도인 법률가, 신학자, 교육자, 실제로 많은 복음주의적 단체들이 그 자리에서 나팔을 크고 뚜렷하게 불지 않았다.

우리는 인간 생명의 존엄성 문제가 유대-기독교적 사상에서 주변적인 내용이 아니라 거의 중심부에 있는—한 가운데 있는 것은 아니다. 왜냐하면 유대-기독교 사상의 한 가운데에는 하나님 자신이 계시기 때문이다—문제임을 이해해야 한다. 인간의 존엄성 문제는 인격적이며 무한하신 하나님의 존재와 떨어질 수 없이 연결되어 있다. 인격적이며 무한하신 하나님께서 자기의 형상에 따라 남자와 여자를 창조하셨으므로, 그들은 인간으로서 독특한 생명의 존엄성

---

[5] Franky Schaeffer V, *Addicted to Mediocrity* (Westchester, Ill. : Crossway Books, 1981), pp. 27, 28.

을 갖고 있다. 인간의 생명은 존엄으로 가득차 있기 때문에, 국가나 인본주의에 근거한 법이, 현재 나타나고 있는 방식대로 인간의 생명을 자의적으로 빼앗을 어떠한 권리나 권위도 가질 수 없는 것이다.

우리는 그 외침이 실제로 아직 없었다는 사실을 깨달아야 한다. 우리는 낙태와 같은 핵심적인 문제에서, 문제의 참된 본질이 이해되지 않고 있다는 사실을 깨달아야 한다. 그리스도인들은 실제로 낙태가 훨씬 더 큰 문제의 한 징후이지, 단순히 지엽적이고 사소한 문제가 아니라는 사실을 깨닫지 못하였다.

이 문제를 넘어서면, 물질-에너지-우연이라는 인본주의적 세계관이 점점 더 미국을 장악함에 따라, 인간 생명의 고유한 가치에 관한 견해는 점점 더 왜소해질 것이고, 어느 정도 미국의 이미지로 알려졌던 자비라는 개념도 더욱 사라져갈 것이다.

소말리아 난민들과 함께 일하고 있었던 한 여성이 얼마 전에 우리 집을 방문하여, 소말리아 사람들에 관한 이야기를 들려주고 그들의 사진도 우리에게 보여주었다. 백만 명의 사람들이, 특히 작은 아이들이 고민과 고통과 고난 속에 처해 있었다! 부르짖는 것 이외에 우리가 도울 방법은 없는가? 그러나, 그런 것은 문제도 안 된다! 오늘날 미국에서는 매년 150만 명의 생명이 고통스러운 방법으로 낙태를 통해 살해되고 있다. 소말리아의 경우는 전쟁 때문이지만, 우리는 고의로 살인을 저지르고 있다. 미국의 이미지로 알려진 자비가 잠식당하고 있다. 그리고 살해당하고 있는 것은 단지 아기들뿐만이 아니다. 바로 인본주의 세계관이 내세우고 있는 인간성이 죽음을 당하는 것이다.

미국 사람들은 유대-기독교적 세계관 아래 아주 오랫동안 살아왔기 때문에 그 세계관을 너무나 당연한 것으로 받아들인다. 우리가 누려온 것이 참으로 복음의 아주 독특한 결과라는 사실을 잊고 있는 것 같다. 복음은 "그리스도, 메시아를 주로 받아들이며, 그분의 죽음에 근거하여 당신의 죄책이 제거되었다고 받아들이는 것"이다. 그러나 복음은 그에 따르는 많은 축복들도 포함하고 있다. 우리가 고상한 인생관을 갖고 있는 이유, 우리가 통제와 자유가 균형을 이룬 정부를 가지고 있는 이유, 그리고 우리가 그처럼 엄청난 자유들을 갖고 있으면서도 이러한 자유가 혼돈에 빠지지 않는다는 사실 등을 우리는 망각해 버린 것 같다. 무엇보다도, 이런 것들 가운데 어느 하나도 이 세상에서 자연스럽게 나오는 것이 아니라는 사실을 잊어버리고 있다. 그것들은 성경적 공감대에 기반한 독특한 것들이다. 그리고 유물론적 관점이라는 이 전적으로 다른 견해가 보다더 철저하게 미국을 장악한다면, 이런 것들은 더욱더 확실히 잊혀질 것이다. 그렇게 된다면, 우리가 그토록 조심성 없이 당연히 갖고 있는 것으로 여기는 것들을 잃게 될 것이라고 확신할 수 있다.

제 6 장
열린 창문

우리 앞에 놓여 있는 것은 무엇인가? 나는 우리가 "두 가지 길" (Two Tracks)을 염두에 두어야 한다고 제안하는 바이다.

첫번째 길은 1980년의 미국 선거에서 나타난 보수화 경향이다. 이와 더불어 바로 이 순간에 미국에는 하나의 독특한 창문이 열려 있다. 그 창문이 지금같이 열렸던 것은 참으로 아주 오래 전의 일이기 때문에, 이것은 참으로 독특한 일이다. 우리는 이 창문이 계속 열려 있기를 바라며, 또한 이 창문이 단지 한 가지에 대해서만 열려 있는 것이 아니길 바란다. 비록 그 한 가지 문제가 낙태법과 같이 인간의 생명에 관계된 중요한 문제이며, 따라서 그리스도인들은 그 혐오스러운 낙태법을 무효화시키기 위해 기도와 활동을 해야 하는 것이 명백하더라도 말이다. 우리가 기도하고 활동할 때, 이 중요한 문제가 마치 혼자 따로 서 있는 것처럼 이것만을 염두에 두어서는 안 된다. 오히려 우리는 이 물질-에너지-우연의 세계관이라는 전적으로 상이한 체계 전체와 그것이 삶의 모든 영역에 끼친 결과들이 함께 격퇴되도록 투쟁하고 기도해야 한다. 나는 그 창문이 참으로 계속 열려 있기를 기도하고 그것을 위해 노력한다. 그렇게 되기를 나는 바란다.

이제 그 창문이 열려 있으니, 우리는 시민으로서, 여전히 자유를 누리고 있는 민주주의 국가의 그리스도인 시민으로서 우리가 사용할 수 있는 모든 방법으로 그것을 이용해야 한다. 우리는 이 상이한 총체적 체계를 격퇴하는 노력을 해야 한다. 그러나 이 상이한 총체적인 세계관을 주장하는 사람들이 물러설 의사는 전혀 없기 때문에, 그것을 격퇴하는 일은 쉽지 않을 것이다.

이 견해를 주장하는 사람들은 그 기반을 아주 깊이 다져놓았다. 그들은 오랜 기간 동안 반대를 받지 않고 자기 마음대로 해왔다. 그리고 그들은 모든 수단을 동원하여 자기들이 성취해 온 여세와 모든 영역에서 만들어낸 결과들이 계속 유지되고 확대되도록 노력할 것이다.

그것을 잘 보여주는 예로서, 대중매체가 에버리트 쿠프 박사에 대하여 어떻게 다루었는가를 생각해 볼 수 있다. 쿠프 박사는 미국에서 가장 뛰어난 소아 외과 의사 가운데 한 사람으로 수많은 표창을 받았는데, 그 중에서도 소아 외과 수술 분야에 있어서의 개척자적인 업적으로 말미암아 프랑스 정부로부터 최고 표창을 받았다. 그러나 그가 공중 보건국 장관(Surgeon General)으로 지명되자, 세속적인 대중매체는 객관적인 보도를 완전히 무시해 버리고 그리고 외과 의사로서의 그의 빛나는 박애주의적 업적까지도 완전히 무시한 채로 그를 공격하였다. 인본주의 세계관을 지지하는 대중매체 관계자들은 쿠프 박사의 목소리가 대중에게 전달되는 것을 참지 못하였다. 그들은 인간 생명의 신성함을 조리있게 변호하는 그의 사상이 발표되는 것을 참지 못했던 것이다.

우리가 내딛는 매걸음마다 전투가 있을 것이라는 점을 우리는 깨달아야 한다. 그들은 이미 획득한 것들을 빼앗기지 않을 것이라고 결심하고 있다. 이제 아주 늦은 시간이기는 하지만 그 열린 창을 이용하여 그 방향을 바꾸는 것이 우리의 과제이다. 그리고 우리는 그 모든 일이 단지 말로만 그치지 않고 참으로 격퇴되도록 소망을 갖고 계속 기도하고 일해야 한다.

그러나 우리들 가운데 지도적인 위치에 있는 어떤 사람들은 불행하게도 두번째 길의 가능성을 생각하고 있는 것이 틀림없다.

두번째 길이란, 만일 그 창문이 계속 열린 채로 있지 않다면 이 나라는 어떻게 될 것인가, 그때는 어떻게 할 것인가라는 문제이다.

이 길을 생각한다고 해서 우리가 그 창문이 계속 열려 있도록 하는 모든 노력들을 중단한다는 것은 아니다. 그렇지만, 어떤 사람들은 그 창문이 닫힐 때는 어떻게 해야 할 것인가를 생각하고 있음이 틀림없다. 그리고 우리는 그 창문이 계속 열려 있기를 바라지만, 만약 그것이 닫힌다면 어떻게 될 것인가?

자, 우리가 이 나라의 사회학적 분위기 속에서 어떤 위치에 있는가를 자문해 보자. 60년대의 반(反)문화주의자들을 생각해 보자. 60년대 말에 이르러 그들은 마약 혹은 마르쿠제(Marcuse)의 신좌파 사상에 입각한 이념적 해결책에 대한 희망을 포기하였다. 즉 60년대 말에 이르러 그들은 자신들이 갖고 있던 두 가지의 낙관적이고 이데올로기적인 희망을 포기하였다.

60년대와 70년대에 나타났던 사람들을 살펴보면, 미국에서는 무정부주의자가 그렇게 많지 않았다는 것을 알게 된다. 그러나 유럽에서는 젊은 무정부주의자(anarchist)들의 수가 점점 늘어나고 있다. 서독, 특히 서베를린에서, 네덜란드, 영국 심지어는 스위스에도 이런 무정부주의자들이 있다. 그들은 "누구에게도 어떤 권력도 주지 말라!"고 외친다. 그들은 아름다운 대성당이나 오래된 아담한 교회당, 혹은 정부 건물의 벽에다 커다란 A라는 글자를 그린다. 그들이 무정부주의자라고! 아니다. 그들은 허무주의자(nihilist)들이다. 나는 며칠 전에 로잔에 있는 한 정부 건물의 벽에 "국가는 적이다. 교회는 그 협력자이다"고 적힌 낙서를 보았다. 그들이 생활

속에서 행하는 일들은 정확하게 펑크록(punk rock) 음악에서 말하는 내용이다. 대부분의 사람들은 펑크록 음악을 듣는다고 해도 그 가사에 귀를 기울이지 않는다. 펑크록은 허무주의, 절망, 무의미한 인생, 무정부 등에 관하여 이야기한다. 유럽에서는 이런 그룹의 사람들이 지금 그런 방식으로 살아가고 있으며 실천적으로 전체 사회에 반대하고 있다.

그러나 그런 일이 미국에서는 일어나지 않았다. 마약과 마르쿠제의 신좌파 사상이라는 이념적 해결책에 대한 희망을 단념한 젊은 반(反)문화주의자들은 풍요한 사회 속에서 자기들의 몫을 얻기 위하여 체제 속으로 들어오기 시작하였고, 그 결과 그들 자신의 생활 스타일로 살 수 있게 되었다. 그것이 70년대와 80년대 초에 나타난 사실이다. 그들이 계속 마약을 사용할 수도 있지만, 그러나 이념적인 해결책으로는 더 이상 사용하지 못한다. 만일 그들이 마약을 사용한다면, 그것은 오히려 개인적인 도피를 위해 습관적으로 마약을 복용하는 경우이다.

이제 나는 거기에 무엇을 좀 덧붙이고 싶다. 닉슨(Nixon) 시대에 우리는 "침묵하는 다수"(Silent Majority)에 대하여 많이 이야기 들었다. 그러나 보다 나이든 층의 사람들 사이에는 두 부류의 "침묵하는 다수"가 있었다는 사실을 대부분의 사람들이 깨닫지 못하였다. 즉 침묵하는 다수에는 다수파(majority)와 소수파(minority)가 있었다.

"다수파"는 개인적인 평화와 풍요라는, 이미 파산한 두 가지 가치만을 갖고 있었던 사람이었다. 개인적 평화라는 것은 단지 내버려두라는 것, 즉 같은 도시 사람이든 세계의 다른 나라 사람이든 간에, 다른 사람들의 문제로 골치를 썩이지 않겠다는 것이다. 풍요라는 것은 끊임없이 압도적으로 증가하는 번영-즉 물건들, 보다 많은 물건들로 이루어지는 인생-과 끊임없이 더 높은 수준의 물질적 풍요로 평가되는 성공을 의미하였다.

다른 한편 "소수파"는 어떤 종류의 원칙을 지키고 사는 사람들이었는데, 흔히 개인적으로 그리스도인은 아니었지만 최소한 기독교에 대한 기억을 갖고 있었던 사람이었다.

체제 참여적 젊은이들과 침묵하는 다수의 다수파를 생각해 볼 때, 비록 생활양식에 있어서는 매우 상이하지만, 그들은 사회학적으로 완전하게 서로서로 지지하고 있다는 사실을 우리는 깨달아야 한다. 그들은 정확하게 동일한 자리에 있다. 이런 사실과 관련하여 우리는 정치 영역에 있어서도 보수주의자들과 자유주의자들 사이에 엄청난 불일치가 있음에도 불구하고, 그들 모두가 인본주의적 기반 위에서 활동하고 있다면, 실제로 그들 사이에 궁극적인 차이는 전혀 없다는 사실을 명심해야 한다. 그리스도인으로서 우리는 인본주의적인 전반적인 체계에 대항하여, "그것이 보수주의적 요소에 의하여 조종되든지 자유주의적 요소에 의하여 조종되든지간에," 절대적으로 또 총체적으로 반대하여 일어서야 한다. 그러므로 그리스도인들은 그 어느 쪽이든지간에, 단지 사용하고 있는 이름 때문에 어떤 그룹에든지 동조해서는 안 된다.

테리 이스트랜드는 논평지에서 다음과 같이 말한다.

> 요즈음에는 대학 교육을 받은 사람들뿐만 아니라 많은 근로직 노동자들 사이에서도, 경제적으로는 보수주의적이지만 사회 도덕적으로는 자유주의적인 태도가 유행이다. 이 말을 해석하자면, 예산의 균형을 세울 것, 그러나 마리화나나 코카인을 범법시하지 말 것, 그리고 자유로이 낙태할 수 있게 할 것을 요구하는 것이다. 만일 60년대의 자유주의가 확실한 유산을 남겼다면, 그것은 오늘날 많은 미국 사람들 속에서, 보다 나이든 층의 사람들까지도 포함하여, 그리고 실로 지도적인 위치에 있는 많은 정치적 보수주의자들 속에서도 훨씬 자유주의적이고 쾌락적인 삶으로 발견된다.[1]

1980년의 선거에서 몇 퍼센트의 사람들이 원칙을 지지하여 투표하였으며, 몇 퍼센트의 사람들이 그들 자신의 풍요를 증대시킬 수 있는 어떤 종류의 변화를 위하여 투표하였는가? 조지 윌(George F. Will)은 워싱턴 포스트(*Washington Post*)지를 포함하여 360여개의 신문에 기고하는 칼럼니스트이며, 뉴스위크(*Newsweek*)지의 객원 편집위원이다. 1981년 2월 16일 인터내셔널 헤럴드 트리뷴지에 기고한 "수사학과 현실"이라는 글에서 그는 다음과 같이 쓰고 있다. "1980년에 유권자들은 아마도 20퍼센트가 보수주의를 지지했고 나머지 80퍼센트는 얼마나 생산하든지간에 경제적 지표들을 증진할 것을 지지하였다." "얼마나 생산하든지간에"라는 중요한 어구를 주목하라.

이 인용된 글을 읽기 훨씬 전에, 나는 일어난 사건의 진상이 바로 그것이라고 진단하였다. 감히 나는 그런 정확한 퍼센티지를 제시하지는 않으려고 하지만, 조지 윌이 말한 것이 정확하다고 생각한다. 그러면 만일 개선된 경제적 지표가 나타나지 않는다면, 그때는 어떻게 될 것인가? 체제 참여적인 젊은이들과 풍요에 중점을 두고 있는 보다 나이든 층이라는 두 사회적 집단이 서로 지지한다면, 지금 열려있는 그 창문이 계속 열린 채로 있을 것이라고 생각하는가?

지금 그 창문이 열려 있다고 해서 어리석은 승리감에 취해 이제는 만사가 확실하게 해결되었다고 생각하지 않도록 주의해야 한다. 우리는 "새로운 바람이 불고 있다"는 말을 듣는다. 그 말은 참말이다. 그러나 그렇게 말하는, 혹은 그와 유사한 말을 하는 사람들은 그 새로운 바람이 자동적으로 계속하여 불 것이라는 의미가 아니라는 점을 잊고 있다. 그 말은 이제 우리가 거짓된 영성주의로 다시 돌아가도 좋다는 의미가 아니다. 그리고 그 말은 우리 개인에게 있

---

[1] Eastland, p. 42.

어서나 우리가 하고 있는 사업에 있어서나 아무리 큰 비용이 든다고 하더라도 계속해야 할 개혁투쟁에서 물러날 수 있다는 의미도 아니다.

그리고 만약 그 창문이 닫힌다고 하더라도, 만약 사람들이 "얼마나 생산하든지간에 개선된 경제적 지표들을" 얻지 못한다고 하더라도, 지난 50년 동안의 구자유주의로 되돌아가지는 않을 것이라고 나는 생각한다. 오히려 나의 추측으로는 그러면 우리는 어떻게 살 것인가?[2]의 결론에서 제시한 것처럼 일종의 엘리트 독재주의가 등장할 것 같다.

대부분의 서구세계에서는 단지 조지 윌이 "증대된 경제적 지표들"이라고 부르는 것에 대한 환상과, 적어도 이러한 지표들에 대한 환상을 제시해 주는 어떤 형태의 엘리트들을 받아들이게 될 것이다. 그리고 내가 그러면 우리는 어떻게 살 것인가?에서 말한 것처럼, 그 엘리트 독재주의가 가이사 아우구스투스 치하의 로마제국에서처럼 합헌성의 가면을 쓰고 들어온다면 특히 더 그러할 것이다. 만일 그러한 방법으로 엘리트 독재주의가 받아들여진다면, 조그만 파문도 일어나지 않을 것이라고 나는 생각한다.

어떠한 형태의 엘리트가 권력을 장악할 것인가? 수많은 사상가들이 그들 나름대로 예언을 해왔다. 존 케네스 갈브레이스(John Kenneth Galbraith, 1908-)는 지식인 엘리트와 정부 관료로 구성된 형태를 제시하였는데, 특히 대학의 지식인과 과학 분야의 지식인 엘리트를 말하였다. 하버드 대학의 사회학 교수인 다니엘 벨(Daniel Bell, 1919-)은 급격하게 발전하는 테크놀로지의 이용을 통제하는 사람들, 즉 기술 관료적 엘리트로 이루어진 선택된 지식인 엘리트를 제시하였다. 보다 최근의 사례로, 하버드 대학의 물리학 교수이며 과학사 교수인 제럴드 홀튼(Gerald Holton, 1922-)은 벨의 견해에 동의하는 것 같다. 1981년 5월 18일자 고등교육 연보

---

[2] 제11장-13장을 보라.

(*The Chronicle of Higher Education*)는 "과학은 우리를 어디로 데려가는가? 제럴드 홀튼이 그 가능한 길을 그려본다"라는 제목의 글에서 다음과 같이 홀튼의 말을 인용하고 있다.

문제는 거기에 있다. 우리의 일상 생활에 심대한 영향을 미치는 주요한 결정이 광범위한 과학적 혹은 테크놀로지적 내용을 담고 있는 경우가 점점 더 많아졌다고 그는 말한다. "최근의 한 평가에 의하면, 미국 의회에 제출되는 법안의 거의 절반 가량이 실질적으로 과학-테크놀로지 요소를 가지고 있다"고 그는 말한다. 그리고 이제는 "컬럼비아 특별 행정구의 순회 재판소에 제소된 사건들의 약 2/3가 연방 행정기관들에 의한 행동평가를 포함하고 있다. 그리고 그러한 사건들이 테크놀로지의 영역에 속한 문제들과 점점 더 많이 관련되고 있다."

지난 주의 인터뷰에서 홀튼 씨는 "만일 일반인들이 의사결정에 참여하지 못한다면, 그들은 본질적으로 아무것도 모르는 채로 폐쇄적인 엘리트들에게 자기들을 맡기게 될 것이다"고 말했다. 그는 계속하여, 그러면 "우리는 여전히 자치를 누릴 수 있으며, 따라서 자유를 누릴 수 있을 것인가?"라는 것이 근본적인 문제가 될 것이라고 말했다.

"마가렛 미드(Margaret Mead)는 다이달로스(*Daedalus*)라는 잡지의 1959년 판에서 과학자들이 사제의 지위로 상승하는 것에 대하여 언급하였다"고 홀튼은 말하였다.

"이러한 상승에 대하여, 즉 여러분들이 선한—혹자가 기대하듯이—엘리트들의 수중에 있게 될 때, 정치적 결정들을 전혀 통제할 수 없을 때에 대하여 붙이는 이름이 있다. 존 로크의 견해에 따르자면 그 이름은 노예제이다."

내 견해로서는 다음과 같은 이유 때문에 법원들, 특히 대법원을 그러한 엘리트의 범주에 포함시켜야 한다고 생각한다.

1. 그들은 이미 사회학적, 자의적 법에 기초하여 판결하고 있다.
2. 그들은 법에 대한 판결을 내릴 뿐 아니라 많은 법을 "만들고" 있다.
3. 그들은 다른 두 부서(입법부와 행정부)를 지배한다.

법원은 입법부와 행정부가 할 수 있는 것과 할 수 없는 것을 판단한다. 그리고 보통 그렇게 하는 데 있어서 아무런 도전을 받지 않는다. 지난 몇 년간 대법원이 행정부와 입법부에 밀리는 경향이 있었다고들 말한다. 그리고 이것이 "지고한 사법부"(Imperial Court)로부터 스스로 억제하는 사법부로 바뀌는 추세일 것이라고 기대하지만, 그러나 수치는 그 반대를 나타내고 있다. 미국 대법원이 세워진 이래로 첫 195년 동안에는 의회의 법안 중 오직 91건이 법원에 의하여 무효화되었다. 이것은 2년에 1건도 못되는 것이다. 그러나 지난 10년 동안 법원은 15개의 의회 법안을 무효화했다. 이것은 평균적으로 매년 1개 반의 의회 법안들이 무효가 된 것이다.

동시에 나는 엘리트가 누구인지를 밝히는 것이 이 시점에서 주된 요점이 아니라는 점을 강조하고 싶다. 그 대신에 우리는 만일 대중이 그들의 "경제적 지표들"을 얻지 못하면 그러한 종류의 엘리트가 나타날 가능성이 있다는 점을 깨달아야 한다. 이 글을 쓰고 있는 동안에도 영국에서는 파업이 진행중인데, 그것의 원인은 적어도 부분적으로는 지난 50여 년간의 악명높은 경제적 소비를 바로 잡으려고 하는 물가 정책 때문이다. 미국 역시 50년 동안의 소비 시대를 거쳐왔고, 이것은 고통스러운 문제를 제시한다. 참으로 그 문제를 해결하기 위한 정치적 대가는 너무나 값비싼 것이어서 어떤 뾰족한 해결책을 만들어 내지 못할 것이다.

나는 그 창문이 닫히지 않기를 바란다. 나는 지난 20년, 30년, 40년 혹은 그 이상의 기간 동안 우리 문화를 점점 더 많이 지배하여 온 인본주의 세계관이 그 모든 노력을 다하여도 이 열려진 창문을 닫을 수 없게 되길 바란다. 그러나 만일 그들이 이 창문을 닫는다면, 그들이 보다 강화된 권력과 통제력을 장악한다면, 우리는 어리석게도, 그렇게 되더라도 종교와 종교적 기관들이 여태껏 받아왔던 것보다 훨씬 더 나쁜 영향을 받지는 않을 것이라고 착각하고 있는 것은 아닌가?

교회가 지난 10년 동안에 다양한 영역에서 부딪힌 사건들을 알고 있는 사람이 우리 가운데 얼마나 될는지 걱정스럽다. 법원에 제출된 내용들이 우리의 머리를 쭈뼛하게 만든다. 여러분은 내가 설명한 그런 경우에—그런 일이 일어나지 않기를!—그리스도인과 기독교 기관들이 더 나쁜 영향을 받지는 않을 것이라고 생각하는가?

변호사인 로버트 톰스(Robert L. Toms)는 올해의 현안들의 목록을 작성했는데, 그 문제들은 앞으로 10년 동안 미국의 법원, 행정 단체들, 실행 부서들과 의회에서 최종 판결을 받을 것들이다.

1. 교회 목사가 피상담자에게 심리학적이고 의료적인 기술보다는 정신적인 지도를 사용한 점에 대하여 의료 과오의 책임을 져야 하는가?
2. 대학 내의 기독교 기숙사는 종교단체의 대학 구내 거주금지 규칙에 비추어 볼 때, 남학생 클럽 회관이나 여학생 클럽 회관과 동일한 자격을 가질 수 있는가?
3. 그리스도인 고교생이 종교적 토론의 목적으로 공립학교 건물에서 모임을 가질 수 있는가?
4. 공립학교의 그리스도인 교사들이 수업 전에 기도시간을 가질 수 있는가?

열린 창문 77

5. 기독교대학 학생들이 단체로 주립 대학교 건물에서 모임을 가질 수 있는가?
6. 보건교육복지성(HEW)이 성경대학(Bible College)에 마약 중독자, 알콜 중독자들을 "신체장애자"로 취급하여 입학을 허용하도록 요구할 수 있는가?
7. 교회가 주거지역에 종교 학교나 탁아소를 세울 수 있는가?
8. 자녀를 주 교육위원회에서 승인하지 않은 종교 학교에 보낸 부모들이 교육태만법에 근거하여 기소될 수 있는가?
9. 독립적이고 전적으로 종교적인 학교가 교회 소유의 학교들처럼 실업세(unemployment taxes)를 면제받을 자격이 있는가?
10. 정부가 표명된 종교적 신앙에 따라 동성연애를 한 직원을 해고한 교회에 대하여 고용차별 반대법(antiemployment discrimination laws)을 적용할 수 있는가?
11. 신학교의 이사가 동성연애자의 졸업을 거부할 수 있는가?
12. 어떤 도시가 시청 앞에서 크리스마스 행사를 갖는 40년된 관습을 계속할 수 있는가?
13. 소규모 성경공부 모임을 집에서 갖지 못하도록 금지하기 위하여 도시 구획법(zoning laws)을 적용할 수 있는가?
14. 한 교회에서 서로 나누어진 여러 그룹 가운데 특정 교리를 따르는 집단이 교회 건물을 소유하게 될 것인지를 법원이 결정할 수 있는가?
15. 종교 학교가, 다른 자질은 갖추어져 있지만 동성연애를 하는 사람을 교사로 받아들여야 하는가?
16. 예배드릴 때 생기는 심한 소음 때문에 법원이 교회에

벌금을 선고할 수 있는가?
17. 주 보건성이 체벌을 포함하고 있는 운영방침을 문제로 삼아 교회에서 운영하는 청소년의 집을 폐쇄할 수 있는가?
18. 공공 장소에서의 종교 전도는 공식적으로 지정된 곳에서만 하도록 제한할 수 있는가?
19. 출생 전의 태아가 "인격"이며 따라서 헌법적 보호를 받을 자격이 있는가?
20. 십계명을 공립학교 교실에 붙여 둘 수 있는가?
21. 공립학교의 학생들이 조용한 묵상과 기도를 위한 시간을 가질 수 있는가?
22. 공립학교에서 크리스마스 캐럴을 부를 수 있는가?
23. 토요일에 예배를 드려야 한다고 믿고 있는 피고용자가 그 날 예배를 드릴 수 있도록 휴일을 허락해 주어야 하는가?
24. 공립 고등학교의 졸업식이 교회에서 치러질 수 있는가?
25. 교회 구성원들 가운데서 의견을 달리하는 사람들이 증언한 교회의 잘못된 행동 때문에 국가의 관리가 교회를 압류하여 법원이 지명한 수령자에게 넘길 수 있는가?
26. 국가가 사립 종교 학교의 교과 과정에 대한 최소한의 기준을 설정할 수 있는가?
27. 종교 면세는 권리인가 특권인가, 그리고 만일 그것이 특권이라면, 그런 면제들은 국가가 종교를 부당하게 지원하는 것이 아닌가?
28. 교회도 사회의 다른 집단들처럼 과세되어야 하는가?
29. 연방 노동법이 종교적 기업들의 단체 교섭권과 노조

결성을 강화하는 데 사용될 수 있는가?
30. 종교 활동을 위한 자금을 모금하기 전에 국가의 허락을 받도록 요구할 수 있는가?
31. 병원, 학교, 상담 그룹, 여인숙, 빈민구호 단체, 청소년 단체, 미혼모를 위한 집, 고아원 등이 종교적 동기로 운영될 수 있는가? 혹은 그것들을 세속 조직들이 따르고 있는 모든 표준들에 종속시킬 수 있는가?[3]

한걸음 더 나아가 그는 다음과 같이 말한다.

……종교적 토론을 하기 원하는 대학생 단체는 주립대학 내에서는 모임을 갖지 못하며, 종교적 연설은 그 이외의 지역에서 행해져야 한다. 왜냐하면 그것이 대학 내에 "종교를 세울" 수 있기 때문이다……. 국가는 종교적 연설을 대학 구내에서 자유로이 행해지는 여타의 연설들로부터 배제하여야 한다고 최근에 미국의 두 예심 법정이 판결하였다.[4]

이런 종류의 사건들에 있어서 위의 판결이 어떤 의미를 가지는지에 대하여 의견이 다를 수도 있지만, 전체적인 비중은 크게 변하지 않는다. 개신교도들뿐만 아니라 로마 카톨릭과 유대교도 위에서 언급한 목록의 함축의미에 직면하여 있다는 점을 말해 두어야겠다.

그리고 스스로 만족하여 이리저리 떠다니는 데 익숙한 그리스도인들에게는 최근에 법원에 제출된 사건이 틀림없이 커다란 경종이 될 것이다. 내가 이 글을 쓰고 있을 때, 변호사인 사무엘 에릭슨

---

[3] Robert L. Toms, Editorial, *Theology, News and Notes* (December 1980), pp. 18, 19. 톰스 씨는 로스앤젤레스의 Caldwell & Toms사의 동업자이다. 그는 레이건 주지사 밑에서 캘리포니아 주정부의 행정국장을 역임했다.

[4] Ibid.

(Samuel E. Ericsson)은 성직자의 배임행위에 관한 소송에서 로스 앤젤레스 카운티에서 가장 큰 개신교 교회인 그레이스 커뮤니티 교회(Grace Community Church)를 변호하고 있다. 이 소송은 어떤 부모가 제기한 것인데, 그 교회의 목사가 그들의 아들을 전문적인 정신병 치료와 심리학적 치료에 맡기지 않고 직접 돌보았다가 나중에 그 아들이 자살하였기 때문이었다.[5] 교회가 이 소송에서 패소한다면, 틀림없이 모든 종교가 심각한 영향을 받을 것이다. 사실상, 어떤 의문과 두려움에 빠진 누군가를 돕고자 하는 사람이, 만일 전문적인 심리학적 정신병적 치료를 위한 자격을 갖고 있지 못하다면 누구나 다 기소될 수 있을 것이다! 그리고 문제를 더욱 복잡하게 만드는 것은 그 누구도 전문적인 심리학적 정신병적 치료 자격에 대한 납득할 만한 기준을 설정할 방법을 생각해 보지 않았다는 사실이다.

사무엘 에릭슨은 1981년 5월 1일에 나에게 보낸 편지에서 적절한 관점으로 그 사건을 표현하였다. "성직자의 배임행위, 아니 보다 정확하게 표현하여 영적인 상담이라는 부당 의료 행위에 관한 소송은 세속주의와 기독교라는 경쟁적인 두 세계관간의 정면 충돌을 세속 법정에 제시할 것이라고 나는 믿습니다."

만일 그 창문이 닫힌다면 그 문제가 어떻게 될 것인지를 우리 모두가 생각해야 되지 않을까? 그리스도인 신학자들, 교육자들, 법률가들, 복음주의 지도자들은 과거에 사건을 전체적으로 바라보는 데 그다지 뛰어나지 못하였다. 즉 그들은 법 수여자가 계신다는

---

[5] Samuel E. Ericsson, *Clergy Malpractice* : *Constitutional and Political Issues* (The Center for Law and Religious Freedom, Washington, D.C., May 1981). 에릭슨 씨는 워싱턴 시의 법률 및 종교적 자유 센터에서 한 직책을 맡고 있는 특별 고문이다. 그는 하버드 법대를 졸업했다. 다행스럽게도 그의 저서가 쓰여진 이후 교회는 이 사건에 승소판결을 받았다. 그러나 이 사건과 동일한 성격을 가진 다른 사건들이 틀림없이 나타날 것이다.

생각과 그와는 전반적으로 다른 물질-에너지-우연이라는 관점의 세계관 및 그것으로부터 자연스럽게 나온 사상들 사이의 대조를 깨닫지 못하였다. 과거에 우리가 걸어가는 사람과의 그토록 쉬웠던 경주에서 잘 달리지 못하였다면, 이제 말타고 달리는 사람과 경주를 해야만 할 때는 어떻게 될지 걱정이 된다. 오늘날 이 세상의 도처에서 일어나는 일들로부터 우리를 보호해 줄 것이 무엇인가? 우리가 걷는 사람과의 경쟁에서 얼마나 어리석게 경주하였는가! 이제 말탄 자들과 경주해야 할 때는 어떻게 되겠는가?

제 7 장
시민 복종의 한계

헌법 제정자들과 13개 주의 사람들은 자기들이 어떤 기초 위에 나라를 세우고 있는지를 이해하고 있었다. 그러나 오늘날 우리는 이 나라의 헌법 제정자들과 13개 주의 개개인들이 국가연합을 결성하기 위하여 함께 모였을 때 마음속에 생각하였던 것과는 정반대 되는 지점에 도달하였다.

그러므로 이제는 우리 선조들이 그랬던 것처럼 "최저의 선"(the bottom line)에 대하여 생각할 때이다. 우리 선조들로 하여금 자기들이 그렇게 행할 수 있도록 만든 최저의 선이 무엇이었다고 생각하는가?

첫째, 하나님이 존재하신다는 사실을 자신의 기반으로 삼고 있는 개인의 입장에서 국가와의 궁극적인 관계는 무엇인가? 이 질문에 당신은 어떻게 답할 것인가?

오늘날, 물질-에너지-우연 개념에 물든 세대는, 국가가 강제력을 갖고 있고 보호를 제공해 준다는 사실을 제외하고는, 국가에 복종할 아무런 "이유를 갖고 있지 않다는 점"을 여러분은 이해해야 한다. 이 두 가지가 그들이 국가에 복종할 유일한 이유이다. 물질-에너지-

우연이라는 개념에 따르자면 강제력과 보호를 제외하고는 시민이 국가에 복종할 어떠한 기초나 이유도 찾을 수 없다.

하나님을 두려워하는 그리스도인은 그와 같지 않다. 성경은 하나님께서 국가에 복종하라고 명하셨음을 가르친다.

그러나 이제 두번째 질문이 곧바로 제기된다. 하나님께서는 국가를 자신으로부터 자율적인 권위로 세우셨는가? 우리는 어떤 경우를 막론하고 국가에 복종해야 하는가? 정말 그러한가? 이 영역에서는 참으로 사람이 만물의 척도인가? 이런 질문에 대하여 나는 전혀 그렇지 않다고 대답할 것이다.

마태복음 22:21에서 예수님께서 "가이사의 것은 가이사에게, 하나님의 것은 하나님께 바치라"고 말씀하실 때, 그것은

하나님 그리고 **가이사**

가 아니다. 그것은 과거에나 현재에나 미래에나 언제든지

하나님
그리고
가이사

이다.

삶의 다른 모든 영역과 마찬가지로 시민 정부도 하나님의 법 아래 있다. 이 타락한 세상에서 그 타락의 자연적 결과인 혼란으로부터 우리를 보호하시기 위하여 하나님께서는 몇 가지 직분들을 우리에게 주셨다. 그러나 어떤 직분이든지간에 하나님의 말씀에 반대되는 것을 명할 때에는 그 직분을 맡은 자들이 그들의 권위를 파기하는 것이며, 따라서 그들에게 복종할 필요가 없다. 그 점에서는 국가도 마찬가지이다.

로마서 13:1-4은 다음과 같이 말하고 있다.

각 사람은 위에 있는 권세들에게 굴복하라 권세는 하나

님께로 나지 않음이 없나니 모든 권세는 다 하나님의 정하신 바라 그러므로 권세를 거스리는 자는 하나님의 명을 거스림이니 거스리는 자들은 심판을 자취하리라 관원들은 선한 일에 대하여 두려움이 되지 않고 악한 일에 대하여 되나니 네가 권세를 두려워하지 아니하려느냐 선을 행하라 그리하면 그에게 칭찬을 받으리라 그는 하나님의 사자가 되어 네게 선을 이루는 자니라 그러나 네가 악을 행하거든 두려워하라 그가 공연히 칼을 가지지 아니하였으니 곧 하나님의 사자가 되어 악을 행하는 자에게 진노하심을 위하여 보응하는 자니라.

하나님께서는 국가를 위임된 권위로 제정하셨다. 즉 그것은 자율적이지 않다. 국가는 그릇 행하는 자를 벌함으로써 악을 억제하고 사회의 선한 자들을 보호하는 정의의 도구여야 한다. 국가가 그 반대로 행할 때에는 정당한 권위를 전혀 갖지 못한다. 그런 경우에 국가는 찬탈된 권위이며, 따라서 불법적인 것이며 폭정인 것이다.

베드로전서 2 : 13-17은 다음과 같이 말하고 있다.

인간에 세운 모든 제도를 주를 위하여 순복하되 혹은 위에 있는 왕이나 혹은 악행하는 자를 징벌하고 선행하는 자를 포장하기 위하여 그의 보낸 방백에게 하라 곧 선행으로 어리석은 사람들의 무식한 말을 막으시는 것이라 자유하나 그 자유로 악을 가리우는 데 쓰지 말고 오직 하나님의 종과 같이 하라 뭇사람을 공경하며 형제를 사랑하며 하나님을 두려워하며 왕을 공경하라.

베드로는 여기에서 세속 권위가 존중되어야 하며 하나님을 두려워해야 한다고 말한다. 그가 정의하고 있는 국가는 잘못 행하는 자를 벌하고, 바르게 행하는 자를 격려하는 것이다. 만일 국가가 그렇게 하지 않는다면 그 전체 구조가 와해되는 것이다. 명백하게 국가는 정의를 실현하기 위한 것이다. 이것이 국가의 합법적인 기능이며, 이런 구조 속에서 그리스도인은 "양심 때문에"(롬 13 : 5) 국가에 복종해야 한다.

그러나 국가가 그 합법적인 기능을 깨뜨리는 일을 할 때에는 어떻게 해야 하는가? 초대교회의 그리스도인들은 세속적 문제에 있어서 국가에 복종하지 않으려고 했기 때문에 죽음을 당하였다. 사람들은 종종 초대교회가 어떠한 시민 불복종 행위도 하지 않았다고 우리에게 말한다. 그들은 교회사를 모르고 있다. 왜 로마제국의 그리스도인들이 사자에게 던져졌는가? 그리스도인의 관점에서 보면 그것은 종교적인 이유 때문이었다. 그러나 로마제국의 관점에서 보면 그리스도인들은 시민 불복종의 행위를 하고 있었고, 반란자들이었기 때문이었다. 로마제국은 개인이 종교적으로 무엇을 믿든지 간섭하지 않았다. 그러나 국가에 대한 충성의 표시로 가이사를 숭배해야 했다. 그리스도인들은 가이사나 다른 누구나 다른 아무것도 섬기지 않을 것이며 오직 살아계신 하나님만을 섬길 것이라고 말했다. 그러므로 로마제국에 대하여 그들은 반란자들이었고, 그들의 행위는 시민 불복종 행위였다. 그것이 그들이 사자에게 던져진 이유이다.

프란시스 레게(Francis Legge)는 그의 저서 주전 330년에서 주후 330년까지의 기독교의 선구자들과 대적들(*Forerunners and Rivals of Christianity from 330 B.C. to A. D. 330*)의 제1권에서 다음과 같이 쓰고 있다. "박해의 시대에 로마제국의 관리들은 그리스도인들로 하여금 어떤 다른 이교의 신들에게가 아니라 신격화된 황제와 로마시의 행운의 신에게 경배하도록 강요하였다. 그리고 그리스도인들의 거부는 언제나 종교적인 것이 아니라 정치적인 범죄로 간주되었다."[1]

최저의 선은, 어떤 점에 있어서는 국가에 불순종할 권리뿐만 아니라 의무도 있다는 사실이다.

　여러 시대를 통하여 그리스도인들은 국가가 하나님의 법에 반대되는 것을 명령할 때에 초대교회가 그랬던 것처럼 국가에 불순종하는 태도를 취하여 왔다. 성경을 영어로 번역한 윌리엄 틴데일(William Tyndale, 약 1490-1536)은 국가와 교회에 대항하여 성경에 최고 권위를 부여하는 것을 옹호하였다. 정부 당국은 끊임없이 그를 체포하려고 노력하였지만, 그는 여러 해 동안 그들을 피해 다닐 수 있었다. 결국 틴데일은 이단으로 정죄되어 심문을 받은 후 1536년 10월 6일에 처형당했다. 존 번연(John Bunyan, 1628-1688)은 왕의 법을 어긴 죄목으로 유죄 판결을 받았다. 국가의 허가 없이 설교한 것과 영국 국교회에 참석하지 않은 까닭에 그는 세 번이나 체포되어 영국의 감옥에서 12년을 보냈다. 그는 많은 작품을 이 감옥에서 저술하였는데, 그 중에 천로역정(*Pilgrim's Progress*)이 들어 있다.

　종교개혁이 성공을 거둔 거의 모든 곳에서 어떤 형태의 시민 불복종이나 무장반란이 있었다.

　네덜란드 : 카톨릭 스페인은 비카톨릭 주민들을 정치적으로 지리적으로 고립시켰다. 그리하여 개신교도들은 오늘날 네덜란드로 알려진 곳에 집결했는데, 그곳이 스페인 세력에 대항하는 최후의 근거지가 되었다. 반란의 지도자들은 개신교를 그 나라의 지배적인 종교 형태로 확립하였다. 전환점이 된 것은 1574년의 레이덴(Leyden) 전투였다. 네덜란드의 개신교도들은 매우 힘들고 값비싼 전투를 치렀다. 그들이 마침내 승리하였을 때, 그 결과 네덜란드라는 정치적 실체를 수립할 수 있었을 뿐만 아니라 종교개혁이 성공하게 되어 그 종교적 결과들과 문화적 결과들을 내놓을 수 있게 되었다.

---

[1] Francis Legge, *Forerunners and Rivals of Christianity from 330 B.C. to A.D. 330*, Vol. 1 (New Hyde Park, N.Y.: University Books, 1964), p.xxiv.

스웨덴 : 1527년 바사(Vasa) 가문이 반란을 일으켜 덴마크로부터 독립하여 루터 주의 국가 스웨덴을 세웠다. 후에 1630년에 루터교의 진정한 옹호자인 스웨덴 국왕 구스타프 아돌프(Gustavus Adolphus)는 자기의 군사력을 동원하여 신성 로마 황제로부터 프로테스탄트측 독일을 보호하기 위하여 군대를 독일에 파병하였다.

덴마크 : 1536년 개신교파 귀족들이 덴마크의 왕조를 타도하였는데, 그것은 투쟁을 수반한 시민 불복종 행위였다. 그 후에 그들은 새로운 정부와 왕조를 세우고 그 나라에 루터교를 확립하였다.

독일 : 루터는 삭소니(Saxony) 공작의 도움으로 황제의 정치적 군사적 세력으로부터 보호받았다. 황제를 궁지에 몰아넣은 많은 전쟁을 벌인 후에 삭소니 공작과 독일의 다른 귀족들은 1555년의 아우크스부르크 평화 조약(the Peace of Augsburg)을 체결하였다. 이 조약에서 지배자의 종교가 그가 다스리는 지역의 종교를 결정한다는 원칙이 확립되었다. 그리하여 독일의 종교개혁은 생존권을 확보하였다. 후에 로마 카톨릭의 반(反)종교개혁(the Roman Catholic Counter-Reformation)이 일어나자 30년 전쟁이 치러졌고, 이 전쟁의 결과 1648년의 베스트팔렌 평화조약(the Peace of Westphalia)이 체결되었는데, 이 조약은 1555년의 아우크스부르크 평화조약을 재확인하였다. 이 조약에 의하여 독일의 개신교는 반종교개혁의 보복으로부터 보호되었다.

스위스 : 베른(Bern) 시는 1523년과 1525년 사이에 주민 투표에 의하여 개혁을 실시하고 개신교를 확립하였다. 그러나 오늘날 내가 살고 있는 보(Vaud) 주의 경우 그 당시에 개신교측인 베른의 군사적 지배를 받고 있었기 때문에 윌리엄 파렐(William Farel)이 에일(Aigle)과 올롱(Ollon)에서 복음을 설교할 수 있었다. 이 두 도시는 불어권 스위스에서 종교개혁을 주도하였다.

제네바 : 이 지역은 1533-1534년에 시 의회의 투표에 의하여 개

신교 국가가 되었다. 칼빈은 1536년에 제네바에 왔다. 공공연한 전쟁은 없었다. 그러나 사보이(Savoy) 가문으로부터 끊임없는 전쟁의 위협을 받으면서 종교개혁이 확립되었다.

스코틀랜드의 존 녹스(John Knox)는 아주 분명한 예이므로 나는 그에 관하여 보다 자세하게 언급하려고 한다. 녹스는 에든버러(Edinburgh) 근처의 성 앤드류(St. Andrews) 대학교에서 공부한 후에 윌리엄 틴데일이 처형된 해인 1536년에 사제직에 임명되었다. 에든버러 지역은 후에 사무엘 러더퍼드(Samuel Rutherford)가 목회한 곳이다. 녹스는 또한 법률가였으며, 정열적인 복음주의자 조지 위샤트(George Wishart)의 수행원이기도 하였다.

바로 그 얼마 후에 녹스는 목회의 소명을 받았고 로마 카톨릭 교회를 공격하기 시작했다. 로마 카톨릭은 스코틀랜드에서 지배적인 영향력을 행사하고 있었기 때문에 녹스의 비난은 극도로 위험한 일이었다. 녹스는 주일날 설교하지 못하도록 금지당하였다. 주일날에는 사제들이 예배를 인도하였다. 녹스는 평일에 예배를 드렸고, 그 예배를 통하여 주일날 다른 사람들이 행한 설교를 논박하였다. 그의 노력은 아주 성공적이어서, 에든버러에 사는 대다수의 사람들이 녹스가 베푸는 성찬식에 참여함으로써 개신교 신앙을 공공연하게 고백하게 되었다.

1547년 6월 30일, 영국과의 전쟁 속에서 녹스는 다른 사람들과 함께 프랑스 군에 체포되었다. 비록 그것은 재난이었지만, 스코틀랜드 정부에 체포되었다면 당하게 되었을 결과보다는 나았다. 왜냐하면 그런 경우에는 틀림없이 화형을 당하였을 것이기 때문이다.

거의 2년 동안 갤리선의 노젓는 노예로 있다가 녹스는 자유를 얻게 되었다. 1549년 영국에 망명자로 상륙해서 다시 설교를 시작했다. 그의 사역은 매우 큰 효과를 거두었고 그의 사역을 전해들은 스코틀랜드의 개신교 가족들은 불법적으로 국경선을 넘어서 영국의 베릭(Berwick)에 정착하여 그의 곁에 있게 되었다.

녹스를 급진적인 개혁자라고 생각하는 것은 옳은 일이다. 그러나 그와 관련하여 명심해야 할 중요한 구분이 있다. 그의 사역을 일관하여 녹스는 참으로 근본적인 문제가 걸려 있을 때가 아니면 중용과 타협을 호소하였다.

영국 국왕이 개신교의 편에 계속 남아 있도록 하는 시도들이 실패하고, 1553년 8월에 로마 카톨릭 교도인 튜더 왕조의 메리 여왕이 런던에 입성하였다. 공공연히 개신교 신앙을 고백한 많은 사람들이 붙잡혀 투옥되었다. 녹스는 영국에서 탈출하여 스위스의 제네바로 갈 수 있었다.

녹스가 폭군에 대한 저항의 신학을 발전시킨 것은 바로 이 시기였다. 그는 영국으로 몰래 팸플릿을 보내기 시작했다. 이것들 가운데 가장 중요한 것이 1554년 7월에 출판된 영국에 대한 경고(*Admonition to England* - 완전한 제목을 알려면 이 책 뒤에 있는 참고문헌을 보라)였다. 이런 움직임을 통하여 그는 이전에 어떤 개혁자도 들어간 적이 없는 새로운 영역에 발을 들여놓았다. 몇 년이 지나지 않아서 수만 명의 위그노들이 프랑스 정부에 대하여 무장 투쟁을 전개하였다. 그리고 녹스가 죽던 해에는 성공적인 반란이 시작되어 네덜란드가 구원되었다. 녹스는 그의 영국에 대한 경고로 세상에 충격을 주었으나, 또한 설득하는 데도 성공하였다. 재스퍼 리들리(Jasper Ridley)는 존 녹스(*John Knox*)라는 책에서, "혁명의 정당성 이론은 신학사상, 그리고 정치사상에 대한 녹스의 특별한 공헌이다"고 쓰고 있다.[2]

마르틴 루터와 존 칼빈과 같은 개혁자들이 반란권을 지배자들에게만 부여하고 있는데 반해, 녹스는 한걸음 더 나아갔다. 그는 국가의 관리들이 성경과 반대되게 통치할 때에 불복종하고 반란을 일으킬 권리와 의무를 평민들이 갖고 있다고 주장하였다. 그렇게

---

[2] Jasper Ridley, *John Knox* (New York : Oxford, 1968), p. 171.

하지 않는다면 하나님께 반역하는 것이 될 것이다.

  녹스는 시민정부 자체를 반대한 것이 아니었다. 그는 시민정부가 하나님에 의하여 수립된 것임을 잘 알고 있었다. 그러나 녹스는 국가의 관리들이 하나님의 법에 복종해야 할 의무가 있다고 주장했다. 그는 다음과 같이 썼다.

  "그러므로 국왕들은 자기 마음대로 통치할 절대적인 권력을 갖고 있지 않다. 오히려 그들의 권력은 하나님의 말씀에 의해 제한된다."[3] 지배자는 자기 자신을 "자기를 지켜보시는 분의 대리자"라고 간주해야 한다.[4] 그들의 모든 생활과 모든 행위가 하나님의 말씀에 근거해야 한다고 녹스는 반복적으로 강조한다.

  마침내 녹스는 1559년 5월 2일에 다시 스코틀랜드로 돌아갔다. 그곳의 장로교회 조직은 매우 체계적이어서 그 다음 세기에 있었던 박해에도 불구하고 흔들리지 않았고 종교개혁이 계속될 수 있었다. 후일에 사무엘 러더퍼드와 같은 이들에 의하여 자라나게 된, 폭군에 대항한 경건한 저항 이론의 씨앗을 뿌린 사람은 존 녹스였다.

  앞서 언급한 종교개혁이 성공을 거두었던 나라들—그 각 경우에 있어서 다양한 형태의 시민 불복종과 무장 반란이 있었다—과는 대조적으로, 보호를 받지 못한 까닭에 종교개혁이 무력으로 진압된 나라들에 대해서도 생각해 볼 수 있다.

  헝가리 : 처음에는 종교개혁이 대단한 성공을 거두었다. 그러나 터키가 이 나라에서 축출된 이후에 로마 카톨릭 당국은 무제한의 권력을 가지게 되었고, 그것을 종교개혁을 진압하는 데 사용하였다. 주로 모든 개신교도를 처형하는 방법으로 종교개혁을 진압했다.

  프랑스 : 위그노들은 수적으로나 지위에 있어서 대단한 성공을 거

[3-4] John Knox, *Works* (New York : AMS Press, Vol. vi, 1968), pp. 236-238.

두었다. 그러나 1572년의 성 바르돌로뮤 축제일(St. Bartholomew's Day)에, 아무런 보호 대책도 없이 지도자들 대부분이 대량 암살됨으로써 프랑스에서의 종교개혁은 실패로 돌아갔다.

스페인 : 세빌(Seville)의 수도사들 가운데서 소규모의 종교개혁 운동이 있었다. 아무런 보호 대책도 없이 그들은 모두 다 순교했다.

그러므로 종교개혁이 번성했던 거의 모든 곳에서 종교적 불복종뿐 아니라 시민 불복종이 있었다.

사무엘 러더퍼드가 그의 저서 법이 곧 왕이다 : 또는 법과 군주(Lex Rex : or The Law and the Prince, 1644)를 저술한 것은 이런 배경에서였다. 법이 곧 왕이다에 들어있는 개념은 무엇인가? 매우 간단하다. 법은 왕이며, 만약 왕과 정부가 법에 불순종한다면 그들에게 복종할 필요가 없다. 그리고 그 법은 하나님의 법에 기초한 것이다. 법이 곧 왕이다는 영국과 스코틀랜드에서 금서가 되었다. 스코틀랜드 의회는 러더퍼드의 견해로 인하여 그에게 사형판결을 내리려고 소집되었는데, 그가 그보다 먼저 사망했기 때문에 반란자로 처형되지는 않았다.

러더퍼드는 그의 고전적 저서 법이 곧 왕이다에서 국가의 비성경적 행위에 대한 그리스도인의 적절한 대응을 설명했다. 장로교인이었던 러더퍼드는 런던에서 열린 웨스트민스트 회합(1643-1647)에 참가한 스코틀랜드 대표단의 일원이었고, 나중에는 스코틀랜드의 성 앤드류 대학교의 총장이 되었다. 법이 곧 왕이다는 지주계급과 군주가 지배하는 사회에서 즉각적인 논쟁을 불러일으켰다.

정부 당국은 법이 곧 왕이다가 17세기 유럽의 정치적 지배의 확고한 토대, 즉 "왕권 신수설"을 공격했기 때문에 그 책에 대하여 우려했다. 왕권 신수설 교리는 국왕 또는 국가가 하나님에게서 임명받은 대리자로서 다스린다고 주장했는데, 만약 이것이 사실이라면 왕의 말이 곧 법이었다. 러더퍼드의 주장은 이 입장과는 반대되는 것으로서 시민정부의 기본적 전제, 따라서 법의 기본적 전제는 성경에 주어진 하나님의 법에 기초해야 한다는 것이었다. 러더퍼드가 주장한 대로라면, 모든 사람들, 심지어는 국왕까지도 법 위에 있는 것이 아니라 법 아래에 있는 것이다. 이런 개념은 정치적 반란으로 간주되었고, 반역죄로 처벌될 수 있었다.

러더퍼드는 로마서 13장이 모든 권력은 하나님께로부터 나오며, 정부는 하나님에 의하여 임명되고 조직되었음을 지적한다고 주장하였다. 그러므로 국가는 하나님의 법의 원칙들에 따라서 다스려야 한다. 하나님의 법과 충돌하는 국가의 법령들은 비합법적인 것이며, 폭군의 법령이다. 폭정이란 하나님의 재가 없이 지배하는 것이라고 정의되었다.

러더퍼드는 전제적 정부는 항상 비도덕적이라고 주장했다 : "억압적인 윤리적, 정치적 혹은 도덕적 권력은 하나님으로부터 나온 것이 아니다. 그것은 권력이 아니라 권력의 방탕한 탈선이다. 그것은 더 이상 하나님께로부터 나온 것이 아니라 죄많은 본성과 옛뱀으로부터 나온 것으로, 죄를 짓도록 하는 면허일 뿐이다."[5]

러더퍼드는 불법적인 정부에 대한 저항의 권리와 의무를 확립하기 위해서 여러 가지 논의를 제시한다.

첫째, 폭정은 사탄적이므로 그것에 저항하지 않는 것은 하나님께 저항하는 것이다. 즉 폭정에 저항하는 것은 하나님을 영화롭게 하는 것이다.

둘째, 지배자들은 조건부로 권력을 부여받았으므로 적절한 조건이 충족되지 않을 경우에는 인민들이 그 권력에 대한 승인을 철회할 권리를 갖는다. 행정관리는 "수탁자"이다. 즉 그는 인민의 신뢰를

---

[5] Samuel Rutherford, *Lex Rex, or, The Law and the Prince* (n.p., 1644), published in Vol. 3, *The Presbyterian Armoury* (1846), p. 34.

바탕으로 권위를 갖는 것이다. 신뢰를 깨뜨리는 행위는 인민들에게 저항할 합법적인 기반을 제공하는 것이다.

   시민은 부정의하고 전제적인 정부에 저항할 도덕적 의무를 가진다는 주장이 러더퍼드의 명제로부터 따라 나온다. 우리는 항상 행정관리의 직책에 복종해야 하지만, 그 직책을 가지고 성경에 반대되는 명령을 내리는 사람에게 복종해서는 안 된다.
   러더퍼드는 국가의 비합법적 행위들에 관한 몇 가지 제안들을 제공했다. 지배자는 그가 인민과 맺은 계약을 한 번 깨뜨렸다는 이유만으로 축출되어서는 안 된다고 그는 말했다. 오직 행정관리들이 그 나라의 정부 구조를 파괴할 정도로 잘못할 때에만, 즉 그가 사회의 근본적인 구조를 침해하고 있을 때에만 그의 권위와 권력을 박탈할 수 있다.
   이것이 바로 오늘날 우리가 직면하고 있는 상황이다. 우리 사회의 전 구조가 공격받아 파괴되고 있다. 우리 사회는 (하나님의 법과) 정확하게 반대되는 결과들을 낳을, 전적으로 반대되는 기초를 받아들이도록 제시받고 있다. 이런 뒤바뀜은 러더퍼드나 어느 종교개혁자들이 그들의 시대에 직면하였던 것보다 훨씬 더 전반적이고 파괴적이다.

제 8 장
시민 불복종의 사용

　물론 시민 불복종은 매우 심각한 주제이며, 러더퍼드는 결코 무정부주의자가 아니었다는 사실을 강조해야 한다. 법이 곧 왕이다에서 그는 무장 혁명을 자동적인 해결책으로 제시하고 있지 않다. 그 대신에 그는 국가가 시민의 권리에 간섭하는 데 대한 적절한 대응을 설명하고 있다. 특히 그는 만일 국가가 하나님께 대한 윤리적 헌신을 파괴하는 일을 고의적으로 저지르고 있다면, 그때는 저항이 적절하다고 선언하였다.

　그는 그런 경우에 사적인 개인에게 있어서 저항의 세 가지 적절한 단계를 제시한다. 첫째, 그는 항의를 통해서 자신을 보호해야 한다(오늘날의 사회에 있어서 보통 이것은 법적 행동이 될 것이다). 둘째, 어쨌든 가능하다면, 그는 피신해야 한다. 그리고 셋째, 필요하다면 그 자신을 보호하기 위해 무력을 사용할 수 있다. 그러나 만일 항의와 헌법적인 구제 수단을 이용하여 자기 자신을 구할 수 있고 보호할 수 있다면, 도망해서는 안 된다. 러더퍼드는 이러한 저항의 유형을 구약성경에 기록된 다윗의 생애로부터 예증하였다.

　다른 한편으로, 국가가 정당하게 구성된 주(state)나 지역단체,

혹은 교회와 같은 단체에 대하여 비합법적인 행동을 할 때에 피신하는 것은 비현실적이고 실제적이지 못한 저항수단이다. 그러므로 단체와 공동체(community)에 관해서는 두 가지 단계의 저항이 있다. 즉 항의와 필요할 경우에 자기 방어를 포함한 무력행사가 있는데 이 점에 있어서 러더퍼드는 불법적인 봉기와 합법적인 저항이 구분되어야 한다고 경고하였다.

국가가 단체에 대해 불법적 행동을 계속 할 때, 그에 대한 저항은 정당하게 구성된 당국의 보호 아래 두어야 한다. 가능하다면 하급관리들(지방 관리들)이 그 저항을 통제해야 한다. 러더퍼드는 국가의 가장 높은 관직과 마찬가지로 지방 관리의 직분도 하나님께로부터 나온 것이라고 주장했다. 러더퍼드는 "최고 관리가 주님의 심판을 실행하려 하지 않을 때, 즉 사악한 사람들이 하나님의 법을 무용지물로 만들 때에는, 그를 하나님 아래의 최고 관직으로 만든 사람들, 하나님 아래에서 국왕과 왕국을 처분할 수 있는 주권적 권리를 가진 사람들이 주님의 심판을 실행해야 한다"고 말했다.

사무엘 러더퍼드와 밥 딜런(Bob Dylan)은 아마도 서로를 이해했을 것이다. 완행열차가 오고 있네(*Slow Train Coming*)[1]라는 앨범에 수록된 "네가 잠에서 깨려할 때"(When You Gonna Wake Up)라는 곡에서 딜런은 다음과 같은 가사를 붙여 놓았다.

> 교회에는 행음자들이, 그리고 학교에는 도색잡지가
> 강도들이 권력을 쥐고, 범법자가 법을 만드는 것을 너는 보네
> 네가 잠에서 깨려할 때,
> 네가 잠에서 깨려할 때,
> 네가 잠에서 깨려할 때,
> 남아있는 것들을 더 튼튼하게 하려나?

---

[1] Bob Dylan, *Slow Train Coming* (New York : Special Rider Music, CBS, Inc., 1979).

살았던 시대가 다르고 사용한 언어가 다르지만 내용은 동일하다. 비슷한 방식으로 존 로크(John Locke, 1632-1704)도 동일한 문제에 접근하였다. 로크는 러더퍼드의 법이 곧 왕이다를 받아들여서 그것을 세속화했다. 그가 비록 법이 곧 왕이다와 장로교 전통을 세속화했지만 그럼에도 불구하고 로크는 그 책에서 많은 것을 빌려왔다. 그는 4가지 기본 요점을 작성하였다.

1. 양도할 수 없는 권리들
2. 동의에 의한 정부
3. 권력 분립
4. 혁명권 (혹은 불법적 권위에 대한 저항권이라고 할 수도 있다)

이것이 로크가 제시한 네 가지 요점이며, 미국의 헌법 제정자들 가운데 로크를 따랐던 사람들이 행동의 기반으로 삼았던 것이다.

위더스푼(Witherspoon)은 러더퍼드의 저작을 잘 알고 있었음에 틀림없다. 다른 국부들도 그랬을지 모른다. 그들은 틀림없이 로크의 사상을 잘 알고 있었다. 그리고 법이 곧 왕이다와 로크 둘 다 "적절한 단계"의 시민 불복종을 틀림없이 인정하고 있다. 가장 높은 단계에서가 아니라 자기가 처해 있는 역사적 시점에서 가장 적절한 단계의 시민 불복종 행위를 시작할 것을 두 사람 모두 강조하였다.

그리스도인 공동체에 속한 많은 사람들이 국가의 박해에 직면하여 항의하거나 피신할 수 있다는 견해에 동의할 것이다. 그러나 어떤 종류이든간에 무력(force)이 나오면 많은 그리스도인들이 갑자기 주춤하게 된다.

이 책에서 사용된 "무력"이라는 말은 개인(혹은 개인들)이나 국가와 같은 실체에 가해진 "강제"(compulsion)또는 "압박"(constraint)을 의미한다.

무력에 관하여 논의할 때, 다음과 같은 원칙을 염두에 두는 것이 중요하다. 항의나 무력을 사용하기 전에 언제나 우리는 재건을 위해 노력해야 한다. 다른 말로 하자면, 우리가 사회를 찢고 부수자고 주장하기 전에 사회를 교정하고 재건하려고 시도해야 한다.

만일 무력을 사용할 합법적인 이유가 있다면, 그리고 만일 무력을 지나치게 사용하지 않을 경우에 대한 주의 깊은 예방책이 있다면, 그런 경우에는 어떤 시점에서 무력을 사용하는 것이 정당화된다. 그러나 우리는 무력 대응이 지나치게 되어 너무나 쉽사리 노골적인 무력 행사로 말미암은 참변으로 이어진다는 점을 인식해야 한다. 그러므로 무력과 폭력(violence)을 구별하는 것이 극히 중요하다. 오스 기네스(Os Guinness)는 죽음의 티끌(*The Dust of Death*)에서 다음과 같이 쓰고 있다.

> 그러한 구별이 없다면 권위에 있어서 혹은 모든 종류의 규율에 있어서, 그것이 부모의 것이든 대통령의 것이든간에, 합법적인 정당성이 전혀 없을 것이다. 타락한 세계에서 무력을 사용하지 않는 법적 정의라는 생각은 어리석은 것이다. 사회에는 경찰력이 필요하며, 남편은 그의 아내를 폭행으로부터 지킬 권리를 가지고 있다. 어떤 사회가 그 제도 내에 어느 정도의 자유를 성취하게 된 것은 책임이 규율을 수반한다는 특징 때문이다. 이것은 국가, 사업, 공동체, 학교라는 각각의 영역에서, 즉 사회의 다양한 구조적 단계들에 있어서 사실인 것이다.[2]

타락한 세계에서는 어떠한 형태이든지간에 무력은 항상 필요하다. 현재 존재하고 있는 모든 정부는 그 존립을 위하여 무력을 사용해야 하며 또한 사용하고 있다. 그러나 두 가지 원칙이 항상 준수되어야 한다. 첫째, 합법적인 근거와 합법적인 방식으로 무력을

---

[2] Os Guinness, *The Dust of Death* (Downers Grove, Ill. : InterVarsity Press, 1973), pp. 177, 178.

사용해야 한다. 둘째, 반응이 지나치게 되면 사용된 무력은 폭력으로 바뀌어 버린다. 거침없는 폭력은 결코 정당화될 수 없다.

그러나 녹스와 러더퍼드가 설명했듯이 적절한 무력사용은 단지 국가만의 의무가 아니다. 그러한 전제는 순진한 생각이다. 그러한 전제는 만일 국가가 전체주의적 입장을 취할 경우에 대한 충분한 치료책을 남겨두지 않는다.

오늘날 러더퍼드의 시대와 달라진 한 가지 요소는 국가 권력이 엄청나게 커짐에 따라 도피할 곳이 없다는 사실이다. 메이플라워호의 청교도들은 폭정을 피하여 미국으로 도망할 수 있었다. 그러나 오늘날은 사정이 훨씬 더 복잡해졌고, 많은 나라들이 국경을 닫고 있다.

역사적으로 이 시점에서 가장 실현 가능성이 있는 대안은 항의이다. 왜냐하면 미국에는 최대한으로 항의할 수 있는 자유가 여전히 남아 있기 때문이다. 그러나 우리는 항의도 일종의 무력이라는 점을 깨달아야 한다. 이것은 소위 "비폭력적 저항"이라는 개념으로 볼 때 더욱 그러하다. 비폭력적 저항은 옛날이나 지금이나간에 무력을 부정하는 것이 아니라 어떤 종류의 무력을 사용할 것인가에 대한 하나의 선택이다.

오늘날 항의가 필요하다는 사실을 보여주는 한 가지 예로 세금이 낙태를 위해 사용되고 있다는 사실을 들 수 있다. 모든 정상적인 헌법상의 항의 수단들을 다 사용하고 난 다음에는 어떻게 해야 하는가? 어느 시점에 이르면 항의는 그리스도인들을 부분적인 납세 거부를 하도록 이끌 수 있다. 물론 이것은 법정에 서게 될 수도 있는 중요한 문제이다. 그러한 행동은 각 개인이 하나님 앞에서 결정해야 할 문제일 것이다. 아무도 다른 사람의 결정을 대신해 줄 수 없다. 그러나 그 길을 따라가다 보면 어디에선가 그런 결정을 내려야 할 때가 쉽사리 닥쳐올지도 모른다. 다행스럽게도 현재 미국에서는 하이드 개정안(Hyde Amendment)이 국가의 세금을 낙태에 사용하지 못하도록 하였지만, 그렇다고 해서 다른 경우들에 있어서 과연 항의가 호소력있는 유일한 방법인가에 대한 의문은 남아 있다. 예를 들어, 공공연하게 낙태를 선전하는 기관인 가족계획협회(Planned Parenthood)를 지원하는 데 세금이 사용되는 것을 지적할 수 있다.

또 하나의 예로 들 수 있는 것은 학내문제에 대한 국가의 부당한 관여와 간섭에 저항하고 있는 기독교 학교의 경우이다. 이 문제는 다른 사립학교들에게도 마찬가지이다. 만일 국세청(Internal Revenue Service)의 과세정책이 그러한 부당한 개입과 간섭을 강화하는 데 이용된다면 그 정책에 반대하는 방법도 저항에 포함될 수 있다. 이 경우에 있어서도 누군가 법정에 서게 되어 그 결과 투옥될 수도 있다. 그러나 어느 시점에서는 다른 효과적인 항의 방법이 없을 수도 있는 것이다.

공립학교 체계와 관련된 문제는 단순히 추상적인 가능성 차원의 문제가 아니다. 내가 이 글을 쓰고 있는 동안에도 부당한 개입과 간섭에 대한 소송이 법원에서 심리 중인데, 그것은 사무엘 러더퍼드가 말한 단체가 저항할 경우에 밟아야 할 적절한 절차에 관한 개념과 정확하게 상응하는 상황이다.

아칸소 주는 공립학교에서 창조론을 가르치도록 허용하는 법을 통과시켰다. "미국 시민 자유 연맹"(ACLU)은 그것이 정교분리를 위반하였다는 이유로 이 법안을 철회시키려고 노력하고 있다. 여기에 러더퍼드의 판단 기준에 들어맞는 명백한 사례를 볼 수 있다. 아칸소 주는 법을 통과시켰다. 법원은 제1차 헌법 개정의 본래 의미를 따르고 있는 이 주의 법을 무효화하려고 노력하는 미국 시민 자유 연맹에 의하여 이용당하고 있다. 미국 시민 자유 연맹은 자기들의 주장이 정교분리라는 특정한 개념에 기반한 것이라고 주장하고 있다. 그러나 그 개념은 제1차 헌법 개정의 원래 의도와 헌법 제정자들의 전체적인 의도에 비추어 볼 때 전적으로 새롭고 기발한 것이라는 사실이 강조되어야 한다. 이 새로운 정교분리 개념은 최근에 인본주의자들이 미국을 지배한 데서 비롯된 결과이며, 이 소송의 경우에서는 적절하게 선출된 주의회의 "주권적" 판결을 깨뜨리기 위하여 사용되고 있다.

미국 시민 자유 연맹은 인본주의자들의 견해를 "대다수"의 아칸소 주의 관리들에게 강요하기 위한 인본주의 도구 역할을 하고 있다.

폭정과 관계하여 하급 "행정관리"의 역할에 대한 보다 명백한 사례들이 항상 있었지만, 그것을 찾아내기가 쉽지 않다. 만일 항소법원(appeal court)이 궁극적으로 전제적인 판결을 내린다면 주정부로서는 거기에 굴복하기를 거절하고 항의해야 할 것이다. 이것은 러더퍼드가 말한 적절한 절차와 정확하게 일치한다.

지금은 좁고 편협한 인본주의적 견해를 받아들이지 않는 그리스도인들과, 다른 사람들이 적절한 형태의 항의를 올바르게 사용할 때이다.

이 아칸소 주의 경우에서 미국 시민 자유 연맹은 그 이름과는 정반대임을 보여주었다. 이 단체는 아칸소 주의회의 대다수 의원들의 소원과는 반대로, 또한 아마도 아칸소 주의 대다수 시민들의 소원과는 반대로 학교를 전적으로 세속화하려고 노력하고 있다. 그것은 "시민의 자유"라는 가면을 쓴 폭정이므로 개별 주들뿐만 아니라 시민들도 거기에 저항해야 한다. 인본주의 세력은 의회보다는 법원을 이용해 왔는데, 그 이유는 법원이 선거과정을 통한 주민들의 의사표시에 종속되어 있지 않기 때문이다. 특히 법원은 재선거할 필요가 없다. 또한 법원이 법을 만드는 경우가 점점 많아져서 연방의회나 주의회의 입법이 감소하는 것도 그 이유 중 하나이다. 주민들은 이러한 문제들을 다시 자기들의 관할 아래 둠으로써 폭정에 대항해야 한다. 타임(*Time*)지는 아칸소 주의회의 입법에 반대하는 하급법원의 판결을 보도하는 1982년 1월 18일자 기사에서, "여론조사 결과 76퍼센트의 미국인들이 두 이론, 즉 진화론과 창조론을 모두 다 가르치는 것을 좋아한다"고 말하였다. 그러므로 만일 그

여론조사가 정확하다면, 하급법원의 판결은 아칸소 주의회와 주민들뿐 아니라 76퍼센트의 미국인들의 의사와 공공연하게 반대되는 것이다. 이 정도의 퍼센티지를 얻은 선거 결과라면 확실한 위임을 받았다고 간주할 수 있을 것이다. 확실히 헌법제정자들은 이런 상황을 폭정이라고 간주했을 것이다. 1773년 12월 16일 보스턴 차 사건(Boston Tea Party)을 기억하는 것이 적절할 것이다.

공립학교와는 영역이 다른 기독교계 사립학교에서의 "부당한 간섭"은 특히 적절하게 설명되어야 한다. 러시아에서는 공립학교에서 배타적으로 그들 나름의 국가종교, 즉 유물론적이고 인본주의적인 세계관만을 가르치도록 한다. 그와 동시에 그리스도인들이 하나님께 충성하기 위하여 국가에 불복종해야 하는 사례와 관련하여 러시아에서 두드러지게 나타나는 문제 가운데 하나는, 부모가 자녀들에게 그리스도와 기독교의 진리에 대하여 가르치는 것을 국법으로 금하고 있는 것이다.

미국에서는 유물론적이고 인본주의적인 세계관이 주로 대부분의 공립학교에서 가르쳐지고 있다. 그러나 이제는 인본주의 세계관을 지지하는 사람들이 (교과과정이나 다른 방법들을 통하여) 기독교계 사립학교나 다른 사립학교까지 통제하려고 하고 있다. 이런 학교들은, 객관적으로 존재하고 계시는 하나님께서 우주를 창조하셨다는 세계관에 근거한 교육을 자기의 자녀들에게 베풀기 위해 부모들이 자기들의 비용을 들여 세운 것인데도 말이다.

이런 상황과 러시아의 상황간에는 명백한 유사점이 있다. 소련에서와 마찬가지로 미국의 공립학교에서도 사실상 모든 종교적 영향력이 강제로 금지당하고 있다는 사실에 우리가 눈을 감아서는 안 된다. 미국에서는 보통 마르크스주의를 가르치지 않는다. 그러나 러시아에서처럼 전적으로 배타적인 세속화가 완결되었다. 이것은 단지 그리스도인들만의 문제가 아니라 다른 종교 단체에 있어서도 역시 문제가 된다는 점을 주목해야 한다.

우리는 인본주의적 입장이 배타주의적이며, 모든 경쟁적인 견해들을 특히 상대주의적 가치관과 규범과는 다른 절대적인 어떤 것을 가르치는 견해들을 허용하지 않는 폐쇄체계라는 사실을 결코 잊어서는 안 된다. 절대적인 진리와 가치 혹은 규범들은 인본주의의 입장에서 볼 때 바로 그 자신의 입장에 대한 전면적인 부정일 뿐이다.

결과적으로 인본주의적 세계관, 즉 물질-에너지-우연의 세계관은 정치적 기구들이나 학교에서 자기 자신을 다루는 것을 결코 용납하지 못한다. 에릭 폰 쿠에넬트 레딘(Eric von Kuehnelt-Leddihn)은 그의 저서 좌익사상(*Leftism*)에서 인본주의가 국가를 지배하기 시작하면 "종교는 시장과 학교에서, 그리고 나중에는 공공생활의 다른 영역에서도 제거된다. 국가는 그 자신 이외의 다른 어떤 신들도 용납하지 않으려고 할 것이다"[3]고 말한다. 학교는 그들의 특별한 표적이다.

소련에서는 이런 현상이 아주 뚜렷하다. 그것도 종교의 자유라는 명목으로 그렇게 되었다. 그 예로서 소련 헌법에는 다음과 같이 규정되어 있다.

> 124조. 시민들에게 양심의 자유를 보장하기 위하여, 소비에트 사회주의 연방공화국에서 교회는 국가와 분리된다. 종교적 예배의 자유와 반종교 선전의 자유가 모든 시민들에게 인정된다.

이런 현상이 러시아의 학교에서 아주 뚜렷하게 나타나지만, 미국의 공립학교에 있어서도 역시 뚜렷하게 나타난다. 인본주의적인 물질-에너지-우연의 세계관은 자기가 사용할 수 있는 모든 형태의 힘을 동원하여 자신이 학교에서 가르치는 유일한 세계관이 되려고 한다.

---

[3] Eric von Kuehnelt-Leddihn, *Leftism : From de Sade and Marx to Hitler and Marcuse* (New Rochelle, N.Y. : Arlington House, 1974), p. 427.

미국의 불행한 일 한 가지는, 각 개별 주들이 본래 가지고 있는 권리가 계속 침해당하는 것에 반대할 때에 그런 반대가 보통 어떤 이기적인 목적에 자극받은 것이란 점이다. 하지만 이 점은 잠깐 제쳐두고서 그 문제를 객관적으로 고려하자면, 우리는 미국의 기원에 있어서 개별 주들이 지나치게 강력한 연방정부를 기대하지 않았으며, 또한 헌법도 연방정부의 권한을 한정된 영역으로 제한하였다는 사실을 깨달아야 한다. 연방정부에 특별하게 부여되지 않은 권력은 연방정부의 특권이 아니라고 이해해야 한다.

제임스 매디슨(James Madison, 1751-1836)은 연방주의자(*The Federalist*) 45호에서 다음과 같이 말하였다. "상정된 헌법이 연방정부에 위임한 권한들은 많지 않고 제한되어 있다. 반면에 각 주들에 남아 있는 권력은 무수하며 무한정한 권력이다." 그러나 그때 이래로 오늘에 이르는 동안에 사정은 전적으로 역전되었다.

스위스에서 33년 동안 살았기 때문에 나는 특히 그에 대하여 민감하게 느낀다. 스위스의 개별 주들은 연방의 권리 침해가 점점 더 커지는 것에 대하여 미국의 주들보다도 훨씬 더 결연하고 용감하게 저항했다. 그러므로 스위스에서 각 주와 연방정부 사이의 견제와 균형이 미국에서의 개별 주들과 연방정부 사이에서보다 훨씬 더 정치적 자유를 보장하는 기능을 발휘하고 있다. 오늘날 종교개혁의 결과인 정부에 있어서의 견제와 균형은 이 점에 있어서 미국에서보다는 스위스에서 더 잘 지켜지고 있다. 따라서 스위스에서는 연방정부주의가 다소 억제되어 왔다.

우리는 종교개혁의 세계관이 정치적 자유로 이끌고 있음을 깨달아야 한다. 그러나 인본주의 세계관은 불가피하게 국가주의에 이르게 될 것이 명백하다. 인본주의자들에게는 어떠한 신도 없기 때문에 무언가 중심에 가져다 둘 것이 필요한데, 그것은 불가피하게 사회나 정부나 혹은 국가가 될 것이라는 점에서 그렇다. 러시아가 아주 완벽한 예이다. 그러나 기독교적인 공감대가 약화되거나 상실되면서 종교개혁의 전통을 이어받은 나라들도 그렇게 되어가는데, 거기에는 미국도 포함된다. 그러므로 만약 미국이 본래의 종교개혁의 기반으로 되돌아간다고 한다면, 그것은 연방정부의 권위를 상당히 제한한다는 의미가 될 것이다.

프랑스의 현 사회당 정부가 순전히 실용주의적 동기에서 과도하게 중앙집중적인 정부를 해체하려고 노력하고 있는 것은 기이한 일이다. 그것은 단지 실용주의적이고 "정치적"인 노력일 뿐이지만, 그러나 교훈적인 것이다. 이 과도한 중앙집중은 나폴레옹 법전(Napoleon's Governmental Code)에서 나온 결과이다. 그들은 프랑스 혁명으로 야기된 혼란에 의하여 생겨난 전체주의를 해체하려고 노력하고 있다. 이러한 혼란의 결과들과 그로 말미암아 나타난 행정관료 조직을 갖춘 나폴레옹의 독재 체제는 하나님을 정부의 상위에 두는 기반에 입각한 미국 혁명이 만들어 낸 것과는 정반대되는 것이다.[4] 미국 헌법의 목적에 관하여 제임스 매디슨이 선언한 내용을 반복해 볼 가치가 있다 : "상정된 헌법이 연방정부에 위임한 권한들은 많지 않고 제한되어 있다. 반면에 각 주들에 남아있는 권력은 무수하며 무한정한 권력이다." 그러나 유대-기독교적 공감대가 약화되고 거의 사라지게 되자, 원칙은 고사하고 실용적인 안목도 결여한 채로 연방정부는 초창기의 미국 정부가 최선을 다하여 축소하고 제한하고 저지하려고 한 권한들을 계속 장악해오고 있다.

다시 한번 우리가 직면하고 있는 것이 하나의 전체이지 부분 부분이 아니라는 사실을 깨달아야 한다. 우리는 전쟁 상태에 있으며, 그 싸움에서 중립파는 전혀 없다고 말하여도 지나치지 않다. 하나님께서 최고의 권위를 가지셨다고 고백하든지, 아니면 가이사가 주라고 고백하든지 둘 중 하나인 것이다.

---

[4] 그러면 우리는 어떻게 살 것인가? 제4장을 보라.

제 9 장
무력의 사용

무력, 심지어는 물리적 힘까지도 사용하는 것이 적절한 때가 올 것이다. 그리스도인들은 법을 자기 마음대로 휘둘러서는 안 된다. 오히려 그리스도인들은 자기 자신에 대하여 하나의 법이 되어야 한다. 그러나 피신하거나 항의할 모든 방법이 다 막히게 될 때에 방어적인 입장에서 무력을 사용하는 것은 적합한 일이다. 미국혁명은 그러한 상황에서 일어난 것이었다. 식민지 주민들은 자기 자신을 방어하기 위하여 무력을 사용하였다. 식민지에 대한 정책 때문에 대영제국은 미국을 침략하는 외국세력으로 간주되었다. 식민지 주민들은 그들의 조국을 지켰다. 그러므로 미국혁명은 보수적인 반혁명(counter-revolution)이었다. 즉 그들은 영국을 합법적인 식민지 정부를 타도하려는 혁명세력으로 인식하였다.

히틀러 시대의 독일과 독일에 점령된 나라들에 살았던 참된 그리스도인들은 거짓되고 허울뿐인 국가에 반대해야 했고, 이웃에 사는 유대인들을 독일의 비밀경찰로부터 숨겨주어야 했다. 정부는 이미 그 권위를 파기하였으므로 어떠한 요구를 할 권리도 상실한 것이다.

이것은 미국 교회의 장래에 있어서 결정적인 문제, 즉 낙태문제에도 적용된다. 낙태문제가 내포하고 있는 의미는 인간 생명의 가치문제이다. 최근의 보고서는 건강하게 태어나는 3명의 아기 중 1명이 낙태되고 있다고 지적한다. 그리스도인들이 아기를 보호하는데 나서야 한다. 그리스도인들은 인간 생명 그 자체를 보호해야 한다.

이러한 보호는 최소한 다음의 네 가지 전선에서 수행되어야 한다.

첫째, 우리는 태아를 보호하기 위한 인간 생명 법안이나 헌법 개정을 적극적으로 지지해야 한다.
둘째, 우리는 대법원의 낙태판결을 뒤집기 위한 노력의 일환으로 법정투쟁을 벌여야 한다.
셋째, 낙태시술을 하고 있는 병원과 진료소에 대하여 법적이고 정치적인 행동을 취해야 한다.

낙태 시술을 위하여 많은 병원과 진료소가 일정한 형태로 적어도 개별 주들로부터 세금 보조를 받고 있다. 우리가 선출한 의원들은 (원칙에 따라서 그렇게 하는 것이 아니라고 하더라도) 정치적인 압력을 받을지라도 그러한 자금 지원을 차단하는 입법을 도입해야 한다. 만일 이것이 실패한다면, 소송을 제기하여 그런 자금이 낙태기관들로 흘러들어가는 것을 중단시켜야 한다.

이런 조치들을 시행하는 것과 동시에, 일부 그리스도인들은 가두시위를 벌였다. 나는 세인트루이스에 있는 커버넌트 신학교의 학장인 윌리엄 베이커(William Baker) 박사가 세인트루이스의 낙태시술소를 반대하는 시위를 벌인 이유로 체포된 신학생들을 지지해 준 데 대하여 그에게 아주 감탄했다. 커버넌트 신학생들은 다음과 같이 말하였다.

"우리는 커버넌트 신학교의 모든 분들에게 우리의 행위에 대하여 설명을 드려야 한다고 생각했다.

첫째, 우리는 이런 문제와 싸우기 위한 가장 효과적인 방법이 무엇인가에 대하여 법률가에게 자문을 구하였다. 그에 따르면 그 상황에 주목을 끌 수 있는 가장 효과적인 방법은 체포당하는 것이라고 하였다.

둘째, 우리는 낙태가 일차적으로 카톨릭만의 관심사가 아니라는 점을 대중매체와 법원에 과시하려고 하였다.

셋째, 우리는 대중매체와 낙태반대 조직들 앞에서 우리의 참여를 과시할 필요를 느꼈다. 우리는 기독교의 증거가 이 문제에 걸려 있다고 생각했다.

마지막으로, 우리는 법원제도에 연루되기를 원했다. 우리의 사건은 재판을 받을 것이며 보다 상급의 법원에까지 올라갈 수 있을 것이다. 만약 낙태가 근절된다면, 그것은 아마 적절한 법적 수단을 통하여 그렇게 될 것이다.

관리들에게 불복종한다는 결정은 쉬운 것이 아니다. 그러나 엄청난 규모로 인간의 생명을 파괴하고 있는 사실에 비추어볼 때, 우리는 이 방법이 가장 효과적인 대응 방법이라고 생각했다. 지금은 대응을 해야 할 급박한 상황이다."[1]

베이커 박사는 신학교 내에 일부 다른 의견이 있음을 인정하였지만, 그가 개인적으로 그 학생들을 지지한 이유를 다음과 같이 설명하였다.

"나는 하나님께 순종하는 사람이 무시하거나 참을 수 없다고 생각되는 악에 직면하여 그것을 반대하거나 회피할 다른 모든 수단들이 고갈되었을 때, 그러한 비폭력적 시민 불복종의 방법을 택한 것은 적절하다고 믿는다. 동시에

---

[1] "Seminary Students Arrested for Abortion Clinic Protests," *Bulletin Newsupplement* (Asheville, N.C.: Perspective Press for the Reformed Presbyterian Church, Evangelical Synod, April 15, 1980).

법을 어긴 사람들은 그에 따르는 결과를 감당할 준비가 되어 있어야 한다."[2]

넷째, 국가가 그리스도인 공동체의 존재를 의식하도록 해야 한다.

국가 관리에게 우리가 진지하게 낙태 근절에 나서고 있다는 사실을 알려야 한다. 낙태 반대는 아기들과 관련되어 있을 뿐 아니라 인간 생명을 소중하게 여기는 한 견해와도 관련되어 있는 아주 명확한 원칙의 문제이다. 낙태 반대에는 다른 수단들이 실패할 경우에 의회와 법원, 대법원에도 참여하는 방법이 포함되어 있다. 우리는 이것이 정치적 게임이 아니며, 매우 중요하고 핵심적인 일이라는 것을 사람들에게 알려야 한다. 그리고 우리는 사람들에게 참으로 적절한 근거가 있다는 사실을 증거해야 한다. 다시 한번 말하건대 어떤 시점에서는 국가에 불복종할 권리뿐 아니라 의무도 있다는 사실이다.

물론 무서운 일이다. 거기에 관하여 적어도 네 가지 이유를 들 수 있다.

첫째, 우리가 어떤 종류의 신정정치를 말하고 있는 것이 결코 아니라는 점을 명백하게 밝혀야 한다. 나는 이 점을 매우 강조하고자 한다. 위더스푼, 제퍼슨 그리고 미국의 다른 헌법 제정자들은 신정정치를 세울 생각이 전혀 없었다. 그 점은 제1차 헌법개정으로 명확하게 밝혀졌다. 그리고 우리도 어떤 종류이든지간에 신정정치를 이야기하고 있는 것이 아니라는 사실을 계속 강조해야 한다.

구약성경에는 하나님께서 명하신 신정정치가 있었다. 그러나 신약성경에는 교회가 유대인과 이방인들로 구성되어, 한 세대 동안에

---

[2] Ibid.

인도에서 스페인에 이르는 그 당시에 알려져 있던 온 세계에 전파됨에 따라 교회 자체가 하나의 실체가 되었다. 왕이신 그리스도께서 돌아오실 때까지 교회와 국가를 결합시킬 어떠한 근거도 신약성경에서 찾을 수 없다. 4세기부터 오늘날에까지 내려오는 "콘스탄틴 정신"(Constantine mentality)은 잘못된 것이다. 로마 황제 콘스탄틴은 313년에 그리스도인에 대한 박해를 종식시켰다. 불행하게도 그가 교회에 지원을 베푼 일은 381년에 테오도시우스 1세(Theodosius I)가 기독교를 국가의 공식적인 종교로 인정하는 일로 이어졌다. 기독교를 국교로 공인한 이 사건이 오늘날에까지 이르는 교회와 국가를 혼동하는 일의 시초였다. 교회와 국가간의 내적 연관성이 유지되어 오는 동안에는 아주 훌륭한 정부들이 있었던 시절도 있었다. 그러나 여러 세기를 거치면서 국가에 대한 충성과 그리스도에 대한 충성간에, 그리고 애국심과 그리스도인이라는 사실간에 커다란 혼동이 야기되었다.

우리는 하나님의 나라와 미국을 혼동해서는 안 된다. 다른 말로 하자면, "우리는 기독교를 성조기로 포장해서는 안 된다."

그렇다고 해서 미국이 기독교적 공감대 위에 세워진 사실이 변하는 것은 아니며, 또한 오늘날 우리가 유대-기독교적 원칙들을 정치에 적용해야 하는 것도 아니다. 그러나 기독교적 공감대 위에 세워졌다는 것과 신정정치는 이름도 다를 뿐 아니라 내용에 있어서도 다르다.

둘째, 이런 문제들에 관한 우리의 고찰, 특히 이 책이 철의 장막 뒤에 있는 공산주의 국가들이나 혹은 전제정치하에 있는 다른 여러 나라들에 전해지는 것에 대하여 매우 걱정스럽게 생각한다. 그런 나라들에서는 그리스도인들이 이런 시민 불복종의 문제들을 실제로 일상생활에서, 감옥 안에서건 밖에서건간에 매일 직면하고 있다. 우리는 물리적 억압으로부터 자유롭지만, 그들은 그렇지 못하다.

초대교회는 오직 그들이 할 수 있었던 유일한 방법으로 시민 불복종을 전개했다. 그들은 가이사를 숭배할 것인가 아닌가라는 명백한 문제에 부딪히게 되었다. 그리고 앞으로 닥칠 결과를 알면서도 황제숭배를 하지 않았기 때문에 반란자가 되었다.

철의 장막에 가려있는 대부분의 나라들에서 그리스도인들이 처한 상황은 초대교회의 입장과 동일하다고 여겨진다. 그들은 사회체계를 바꿀 수 있는 위치에 있지 않다. 왜냐하면 그들은 수가 적고, 또한 그리스도인이라는 이유로 영향력있는 자리에서 조직적으로 배제되고 있으며, 철벽 같은 통제하에 있기 때문이다. 따라서 하나님께 불순종하도록 명령받을 때에 그들은 초대교회가 행했던 방식대로 저항해야 한다. 하나의 예로 들 수 있는 것은 자녀들에게 종교교육을 하지 말도록 금하는 국가의 명령이다. 그렇게 하는 것은 소련의 형법하에서 시민 불복종 행위로 간주된다. 얀 피트(Jan Pit)는 박해 : 여기서는 결코 일어나지 않을 것인가? (*Persecution : It Will Never Happen Here*?)에서 철의 장막 뒤에 있는 나라들에서 종교의 자유에 가해지는 제약들 가운데 하나를 다음과 같이 말하고 있다. "그리스도인들은 자녀들에게 종교를 가르치지 못하도록 금지되어 있다. 그러므로 주일학교나 청소년 모임도 허용되지 않는다. 심지어 집안에서도 기독교 교육을 할 수 없다."[3] 이러한 법은 명백하게 하나님의 계명에 불순종하는 것이며, 또한 만일 부모들이 참으로 그리스도를 영생의 길로 믿고 있다면, 그들의 가장 깊은 소원에도 반대되는 것이다. 그러므로 그 법에 대하여 불복종해야 한다. 그런 경우에 있어서 시민 불복종 행위는 기독교 교육을 계속하는 것이다. 그리고 만일 체포당할 경우에는 시베리아의 강제 노동소로 추방되는 대가를 치러야 할 것이다. 시베리아로 추방된다는 것은 거의 죽음을 의미하는 것이며, 틀림없이 커다란 고생을 하게 될 것이다. 시베리아 강제 노동소는 사자굴인 것이다.

---

[3] Jan Pit, *Persecution : It Will Never Happen Here*? (Orange, Calif. : Open Doors With Brother Andrew, 1981), pp. 42, 43.

공산주의 국가들과 아프리카의 여러 나라들에서, 하나님의 인도 하심은 오늘날의 폴란드에서처럼 훨씬 진전된 행동, 즉 어떤 시점에서는 훨씬 더 폭력적인 행동일 수 있다.

소련의 지도자들은 "인간의 완전성"이라는 이념을 품고, 경제적 조건의 변화에 의하여 "새로운 인간"이 나타나기를 기대했다. 물론 이런 일은 일어나지 않았다. 따라서 그리스도인들은 기독교가 "새로운 인간"을 만들어 낼 수 있다는 사실과, 실제로 그리스도와 실재에 대한 기독교적 이해가 새로운 인간을 만들어 내었다는 사실을 보여줄 기회를 갖고 있다. 물론 그리스도께서 재림하시기 전에는 완전하게 그것을 나타낼 수는 없다. 그러나 소련의 공산주의자들이 실패한 반면에 그리스도인들은 여전히 실질적인 방법으로 그것을 보여줄 수 있다. 그리스도인들이 새로운 인간을 설명하기 위해서는 실증적인 현실을 증거해야 하며, 서로 보살펴 주는 기독교 공동체를 사람들 속에서 드러내 보여야 하고, 그리스도인들의 모임 밖에 있는 사람들까지도 돌아보아야 한다. 그러나 기독교가 새로운 인간을 제시한다는 것은, 그리스도인들이 사회 속에서 만들어내야 할 바로 그것을 파괴하려는 국가의 법에 대해서는 반대하는 입장에 선다는 뜻이기도 하다. 폭정을 저지르는 국가가 불법적인 억압을 가할 때 새롭게 된 사람은 반드시 거기에 항거해야 한다. 왜냐하면 그 법에 대한 복종은 그리스도인의 본질과 그리스도인이 사회 속에서 만들어 내어야 할 것 모두를 파괴하는 것이기 때문이다.

모든 전체주의 국가에 사는 사람들에게 다음의 사항을 강조해야 한다.

1. 삶의 모든 부분을 포함하지 않는 플라톤적 영성 개념은 성경이 가르치는 참된 영성이 아니다. 참된 영성은 삶의 모든 부분에 미치며, 단지 "종교적인 것들"뿐만 아니라 정치와 법의 문제들도 포함하고 있다.

2. 이런 나라들 밖에 있는 우리들은 이런 나라들 속에 사는 사람들이 그들이 사는 시간과 공간에서 "적절한 수준"이 무엇인지를 알려 주어야 한다. 물리적 위험이 덜한 곳에 사는 우리는 그들에게 죄책을 안겨다 주어서는 안 된다. 이 말은 그들 중 어떤 사람들은 타협할 것이라는 말이다. 그러나 그것은 하나님 앞에서 그들이 져야 할 책임이다.

3. 적절한 수준에서 시민 불복종을 행하는 데에는 근거가 있다는 점을 그들이 이해해야 한다. 어떤 정부가 하나님의 법에 반대되는 것을 명령한다면, 그 정부는 권위를 파기했기 때문에 그 정부에 대한 시민 불복종 행위가 성경적인 것임을 그들이 깨달아야 한다. 그런 정부는 더 이상 합법적인 정부가 아니므로 그 시점에서 우리는 그런 정부에 불복종할 권리와 의무를 갖게 된다.

셋째, 시민 불복종에 관하여 말하는 것은 두번째 상황과 정반대되는 상황 때문에 두려운 일이다. 즉 마르크스 사상이 널리 퍼짐에 따라, 특히 남미와 기타 지역에서 특정한 형태의 자유주의 신학이 마르크스주의와 기독교를 종합하려고 시도함에 따라 우리가 말하고 있는 시민 불복종이 마르크스주의자들과 테러리스트들의 도구가 되어 무정부주의를 야기하는 데 사용될 수 있다는 말이다. 혹은 그와 비슷한 맥락에서, 시민 불복종은 인본주의 세계관을 강제로 부과하여 인간성 상실과 독재주의를 강요하는 도구가 되어버리는 결과를 낳을 수도 있다.

상당수의 자유주의 신학이 인간은 근본적으로 선하다는 개념 위에 서 있는데, 그 개념은 사람들이 바라는 모든 것은 경제적 사슬로부터 풀려나는 것이라는 생각과 연결되어 있다. 이런 사상은 유토피아적이다. 왜냐하면 인간은 기본적으로 선하지만 사회적 경제적 정치적 사슬에 묶여 있을 뿐이라는 생각이 잘못된 것이기 때문이다. 인간은 타락한 존재이다. 인간의 완전성은 계몽주의 사상과 프랑스 혁명의 커다란 기초였다. 그것은 또한 러시아의 마르크스-

레닌주의 혁명의 이론적인 기초였다. 이 인간의 완전성 개념이 영향을 발휘한 모든 곳에서 비극과 정치적 사슬과 인간성의 상실에 이르게 되었다.[4] 이 유토피아적 개념을 실천에 옮기려는 모든 시도가 실패로 돌아갔는데, 그 이유는 그 개념이 인간의 본질에 대하여, 인간이 현재 어떠한 존재이며 실제로 어떤 존재인가에 대하여 잘못 알고 있기 때문이다. 인간은 본질적으로 비이기적이었으나 외부 환경에 의하여 타락하였다는 주장은 옳지 않다. 인간은 타락한 존재이다. 그는 본래 지음받은 모습을 갖고 있지 않다.

비록 이런 일반적인 사상 조류가 마르크스주의와 인간의 완전성 개념에 깊이 영향을 받을 정도로 멀리 나아간 것은 아니지만, 그럼에도 불구하고 하나님 나라와 사회주의적 강령을 혼동할 위험은 여전히 남아 있다. 이런 경향을 가진 사람들도 역시 이 책을 잘못 사용할 수 있다.

또 한 가지 말하고 지나가야 할 것은, 우리가 가진 자유를 사용한다고 해서 우리가 자비심을 갖고 우리의 재산을 "형성"하고 그것을 "사용"해야 할 의무가 면제되는 것은 아니라는 사실이다. 이것은 교회가 흔히 강조하지 않았던 그리스도인의 의무이다.[5] 소유물을 적절하고 자비롭게 사용하는 문제에 대하여 교회의 강조가 없었다는 사실에 반발하여, 일부 그리스도인들이 하나님의 나라와 국가적 강령을 동일시하는 실수를 범하는 것은 이해할 만하다. 그러나 하나님의 나라를 사회주의적 강령과 동일시하는 사람들도 이 책을 잘못 사용할 수 있다는 점을 우리는 명백히 깨달아야 하며, 그들이 그렇게 하지 않도록 주의해야 한다.

그리고 넷째, 시민 불복종에 대한 논의는 우리 주위에 정신나간 사람들이 너무나 많다는 사실을 고려할 때 두려운 일이다. 타락한

---

[4] 『그러면 우리는 어떻게 살 것인가?』의 제 4장, 제 6장, 제 7장을 보라.
[5] Ibid., 제 3장을 보라.

세상에서 사람들은 항상 무책임하다. 우리는 특별히 더 무책임한 사람들이 살고 있는 시대에 있으며, 그들은 균형을 잃고, 가장 적절한 시간과 장소에서 가장 적절한 수단을 고려하는 태도와는 정반대로 행동하려 한다. 무정부 상태는 결코 적절한 것이 아니다.

그러나 바로 이런 실제적인 문제들이 있다고 하여도 종교개혁을 일으킨 사람들과 미국의 헌법 제정자들이 깨달았던, 그리고 그 위에서 행동했던 원칙을 바꾸지 못한다. 그 원칙은, 만일 국가가 전능한 권력을 갖게 되고 하나님의 최고 권위까지도 찬탈하는 자리에 이르는 것을 막으려면, 단호하게 대처해야 할 "최저의 선"이 있다는 사실이다. "다행히 우리가 그런 최저의 선에까지 내려가는 일이 결코 일어나지 않는다고 하여도, 현재 우리가 사상과 행동의 자유를 실제로 누리려면 그런 최저의 선이 있어야 한다는 사실"을 깨달아야만 한다. 만일 우리가 시민 불복종의 가능성을 고려하지 않았다면, 현재 우리의 사고와 행동은 반드시 지켜야 할 자유를 잃게 될 것이다. 로크는 그 점을 이해하였다. 그의 네번째 요점-불법적 권위에 대한 저항권리-에 대한 가능성이 없다면, 다른 세 가지 요점은 의미를 상실할 것이다.

실제적인 모든 문제에도 불구하고 시민 불복종의 가능성을 고려할 필요가 있다는 점은 바뀌지 않는다. 조나단 블란차드와 찰스 피니가 그 당대에 노예제 폐지의 필요성과 관련하여 이 기초를 생각하고 가르쳤던 사실을 상기해 보자. 그들도 시민 불복종의 결과로서 감옥에 가거나 혹은 그보다 더 큰 희생을 치러야 할 가능성이 있다고 가르쳤다.

식민지 주민들은 미국혁명에서 러더퍼드의 모범을 따랐다. 그들은 각 주에서 대표자들을 선출했는데, 그 대표자들이 "독립선언문"(Declaration of Independence)을 작성함으로써 영국의 행위에 항의하였다. 그 항의가 실패하자 그들은 무력을 사용하여 자기들을 방어했다.

독립선언문은 녹스와 러더퍼드의 종교개혁 사상에서 많은 요소를 취했는데, 저항에 관한 논의에 있어서는 세심한 고려를 하였음에 틀림없다. 독립선언문은 억압적인 정부에 대한 시민들의 책임을 직접적으로 언급하고 있다.

하나님께서 부여하신 인간의 절대적 권리들을 인정하고 난 다음에 계속하여 독립선언문은 시민정부가 이 같은 권리들을 파괴할 때에, "그 정부를 바꾸거나 폐지하고 그러한 원칙들에 기초를 둔 새로운 정부를 구성하여, 원칙에 따른 형태로 권력을 조직하여 인민의 안전과 행복을 가장 효과적으로 보장해야 하는 것이 인민의 권리이다"고 선언하였다. 헌법 제정자들은 법이 곧 왕이다의 정신에 따라서 기존의 정부가 "가볍고 일시적인 이유들" 때문에 변경되거나 폐지되어서는 안 된다는 점을 독립선언문에 주의깊게 명시하였다. 하지만 억압적이고 독재적인 국가의 탄생을 예시하는 "오랫동안 계속되는 권력남용과 찬탈 행위들"이 있을 경우에는, "그러한 정부를 타도하는 것이 인민의 권리이며 의무이다……."

간단히 요약하자면, 독립선언문은 인민의 기본적 권리들이 국가에 의하여 체계적으로 공격당하고 있을 때, 인민들은 그 정부를 변화시키려고 노력해야 할 "의무"를 갖고 있으며, 만일 변화가 불가능하다면, 그 정부를 타도할 의무가 있다고 선언하고 있는 것이다.

수많은 역사가들이 미국혁명에 미친 강력한 종교적 영향에 주목하였다. 그런 역사가들 가운데 한 사람인 하버드 대학 교수 페리 밀러(Perry Miller)는 확고한 무신론자였다. 그러나 아마도 그는 식민지 시대 역사에 관한 일차사료에 대하여 그 당대의 다른 누구보다도 더 잘 알고 있었다. 그는 자연의 국가(*Nature's Nation*)에서 다음과 같이 결론을 내렸다. "실제로 유럽의 이신론은 미국의 토양에 전혀 뿌리를 내리지 못한 이국의 식물이었다. '합리주의'는 자유주의 역사가들이나 혹은 제퍼슨에 매혹된 사람들이 상상했던 것처럼 널리 퍼져 있지 않았다. 미국혁명은 하나의 종교적 부흥운동으로 대중들에게 설교되었고, 따라서 놀랄 만큼 성공할 운명을 갖고 있었다는 것이 기본적인 사실이다."[6]

혁명 전야에 있어서, 그리고 혁명에 대한 지지에 있어서 일차적인 요소였던 미국의 성직자들의 중요성이 너무나 종종 무시되어 왔다. 그들은 검정색 성직자복에 빗대어서 혁명의 "검은 연대"라고 불렸다. 밀러 교수의 다음과 같은 말은 극히 중요하다.

> (우리는) 프로테스탄트 설교가 얼마나 효과적으로 애국주의적 열정을 불러일으키는 데 성공했는지에 대하여 여전히 깨닫지 못하고 있다. 설교를 단순히 신성한 체하는 겉치레라고 생각하는 모든 해석은 식민지 주민들의 성격과 사실을 정당하게 평가하는 것이 아니다. 유럽의 상황과 지배적인 의견의 성격상 공식적인 선언인 독립선언문은 주로 "정치적인" 용어들로—사회 계약, 양도할 수 없는 권리, 혁명권—표현될 필요가 있었다. 그러나 아무리 학식 있는 소수 사람들의 비중이 컸다고 할지라도 그런 개념들 자체로는 결코 승리를 이끌어 올 수 없었을 것이다. 민병대의 일반 사병들과 시민들을 움직인 것은, 그들이 스스로 영적으로 깨끗게 함으로써 구약 시대에 하나님께서 회개하는 자녀들에게 언제나 부여하셨던 힘을 그들도 얻었다는 일반적인 확신이었다.[7]

우리는 다시 한번 월 스트리트 저널지가 미국의 초기 시대 부흥운동은 "미국혁명의 씨앗을 뿌렸다"고 평가했던 것을 기억해야 한다.

13개 주들은 때가 이르렀을 때 불복종하기로 결론을 내렸다. 러더퍼드와 로크, 그리고 헌법 제정자들에게 있어서, "최저의 선"은

---

[6] Perry Miller, *Nature's Nation* (Cambridge, Mass. : Harvard—Belknap, 1967), p. 110.
[7] Ibid.

차를 마시며 나누는 대화에서 나온 추상적인 문제가 아니었다. 그것은 특정한 시기에 바로 그 최저의 선을 기반으로 행동해야 했었던 그런 문제였다. 13개 주는 그 최저의 선에 도달하였다. 시민 불복종은 전쟁으로 이어졌고 많은 사람이 죽었다. 그리고 그것이 미국의 건국으로 이어졌다. 헌법 제정자들이 어떤 최저의 선이 있다는 것을 깨닫지 못했다면 미국은 건국되지 않았을 것이다. 그리고 헌법 제정자들에게 있어서 기본적인 최저의 선은 실용주의적인 문제가 아니라 원칙의 문제였다.

다음 문장에서 내가 말하려고 하는 것을 아주 주의깊게 읽어주길 바란다. "만일 시민 불복종이라는 최종적인 여지가 없었다면, 정부는 자율적이 되었을 것이고, 따라서 살아계시는 하나님의 자리를 차지하였을 것이다." 시민 불복종이라는 최종적인 여지가 없었다면, 정부는 살아계시는 하나님의 자리에 앉았을 것이다. 왜냐하면 가이사를 숭배하도록 명령하였던 시대와 동일한 명령을 정부가 내릴 때에 여러분들이 거기에 복종해야 하기 때문이다. 그리고 바로 그 때문에 초대 교회의 그리스도인들은 목숨을 걸고 시민 불복종 행위를 하였던 것이다.

제 10 장
가르침으로, 삶으로, 행동으로

이 모든 것이 오늘날의 우리에게 실제로 어떤 의미를 던져주는가? 사실 이 문제에 대하여 나도 확실히 알지 못한다는 점을 말해두어야 하겠다. 그러나 우선 그것은 틀림없이 다음과 같은 의미이다. 우리는 아주 어리석게도 부분적인 면에만 관심을 가졌었고, 실재에 대한 거짓된 견해에 뿌리를 둔 총체적인 세계관을 직시하는데 완전히 실패하였다. 그리고 우리는 실재에 대한 이런 견해가 불가피하게 삶의 모든 부분에서 전적으로 상이하고 잘못되어 있으며 비인간적인 결과를 가져온다는 사실을 깨닫지 못하였다. 그것이 가장 뚜렷하게 나타난 분야가 법과 정부인데, "여기에서 실재에 대한 이 거짓된 견해는 법과 정부를 도구로 삼아 이 거짓된 견해와 그 결과를 모든 사람에게 강요하였다."

이제 우리는 하나님의 법에 반대되는 것을 명령하는 것은 어떠한 직분이든 그 권위를 파기하는 것이라는 사실을 뚜렷하게 깨달을 때가 되었다. 그리고 이 법을 주신 하나님께 충성하는 일은 그러한 폭정적인 권력찬탈에 직면하여 그 상황에 적절한 대응을 하도록 요구한다. 나는 이 시점에서 사무엘 러더퍼드가 옳았다는 사실을,

단지 그가 살았던 17세기의 스코틀랜드와 1776년에만 그가 옳았던 것이 아니라 우리가 사는 이 세기에도 여전히 그가 옳다는 사실을 강조하고자 한다.

우리가 논의해 온 모든 것이 현재 이 순간과 관련되어 있는데, 낙태와 같은 영역에서는 특히 더 그러하다. 여러분은 우리들이 다루어 온 일차적인 관심사가 현재 열려 있는 창문이 닫히게 될 가능성에 관한 것이었음을 기억할 것이다. 그러나 "첫번째 길"은 그 창문이 현재 열려 있다는 사실에 기초한 것이고 그것을 우리가 이용하는 것이었다. "우리는 단지 말하는 것으로 만족해서는 안 된다." 그 창문이 열려 있을 때 우리는 물질-에너지를 궁극적 실재로 간주하는, 우연에 입각한 총체적 세계관이 가져온 결과들을 격퇴하는 노력을 해야 한다. 우리는 이 세계관이 잘못되었을 뿐 아니라, 불가피하게 그 비인간적인 결과를 다른 사람들에게와 우리의 아들과 손자들, 즉 우리의 신앙의 자녀들에게 가져온다는 사실을 깨달아야 한다. 전반적 실재를 잘못 이해한 그 견해가 개인의 독특성과 위엄을 기초로 삼고 있지 않을 뿐만 아니라, 인간의 본질에 관한 문제를 전적으로 무시하고 있기 때문에 그 세계관은 항상 비인간적인 것을 내놓는다.

이런 문제들을 생각할 때 고려해야 할 또 한 가지 요소가 있다. 성경말씀에 따라 살아가야 할 책임을 진 그리스도인들은 필요한 법적 정치적 저항을 해야 할 뿐만 아니라, 그와 동시에 가능한 모든 기독교적 대안을 실천해야 한다. 낙태, 영아 살해, 안락사에 대한 기독교인의 자세에서 낙태와 영아 살해, 노인들의 안락사 문제와 관련하여, 그리스도인들이 이러한 일들에 반대하여 싸워야 할 뿐만 아니라 기독교적 대안이 있다는 사실을 보여주어야 한다고 강조하였다. 그러나 단지 낙태와 영아 살해, 안락사 문제에 있어서만 대안이 제시되어야 하는 것은 아니다. 모든 영역에서 대안이 제시되어야 한다. 대안을 제시하는 것이 엄청난 돈과 시간과 정력을 요구한다고 할

지라도 각별히 그렇게 해야 한다.

하나의 실증적인 사례로서 "기독교 법률 협회"(Christian Legal Society)는 분쟁을 조정하는 서비스를 시작했다. 나는 그것이 하나의 기독교적 대안이라고 말하고 싶다. 그것은 적절한 대안이다. 인류가 앓고 있는 질병들에 대한 현 사회와 정부의 잘못된 해결책에 대항하여 법적으로 정치적으로 저항하는 한편, 우리는 이러한 대안들을 모든 영역에서 실천해야 한다. 참으로 우리는 유물론적 인본주의가 초래한 비인간성과 대조되는 인도주의자들이 되어야 한다.

"법적이고 정치적인 수단들을 사용하지 말고 단지 기독교적 대안만을 제시하라"고 말하는 사람들이 조만간 나타날 것이다. 여기서 먼저 그것에 대하여 언급해 두어야겠다. 그런 주장은 특히 오늘날 우리가 사는 세계처럼 타락한 세계에서는 극히 유토피아적인 생각이다. 한편 기독교적 대안만을 제시하고 정치적 법적 수단들을 사용하지 않는 것도 유토피아적이지만, 다른 한편으로 기독교적인 대안을 보여주지 않은 채 오직 법적이고 정치적인 수단만을 사용하는 것도 마찬가지로 불완전하고 잘못된 것이다. 그것은 불완전한 신념이며 따라서 불완전한 결과를 낳을 것이다. 그것은 우리가 순종하고 있다고 말하는 하나님의 실재를 잘못 알고 있는 것이다.

만일 우리가 성경에서 명한 대안들을 실천하지 않는다면 성경을 따라 살아가는 것이 아니다. 그리고 국가가 그 권위를 철폐하였을 때, 우리가 적절한 수준에서 시민 불복종이라는 "최저의 선"을 실천하지 않는다면, 역시 우리는 성경대로 살아가는 것이 아니다.

나는 이 선언을 다음과 같이 요약하여 결론짓고자 한다.

1. 북유럽의 종교개혁은 복음에 대한 명백한 가르침을 낳았을 뿐 아니라 독특한 정치, 사회적 결과를 낳았다. 이러한 결과들 가운데는 통제와 자유가 균형을 이룬 정부와 그에 따른 견제와 균형이 있었다. 커다란 자유를 누리면서도 사회질서가 무너지지 않았던 것은 그 자유가 기독교적 공감대 속에 뿌리내리고 있었기 때문이었다.

가르침으로, 삶으로, 행동으로 121

 2. 지난 세기 중반에 종교개혁의 기초를 갖지 못한 무리가 점점 더 많이 미국으로 들어오기 시작했다. 이들은 자유를 즐겼지만 그들이 가지고 있었던 기초가 그 자유를 만들어 낸 것은 아니었다.

 3. 가장 큰 변화는 궁극적 실재에 대한 물질-에너지-우연의 관점이 대두함으로써 일어났다. 이 관점은 미국에서 통제와 자유의 균형과 그에 기초하여 커다란 자유를 만들어 내었던 관점과는 정반대 되는 것이었다. 궁극적 실재에 대한 이 잘못된 견해는 우주에 있어서 의미와 목적과 가치를 전혀 고려하지 않으며, 어떠한 법의 기초도 제시하지 않는다. 이 견해는 모든 분야에 그 자연적인 결과를 내놓았는데, 이런 결과들은 궁극적인 실재가 인격적인 하나님이라고 믿는 견해에서 나오는 결과들과는 정반대 되는 것이다.
  인본주의에 기반한 궁극적 실재 개념이 미국에서 영향력을 발휘하기 시작한 것은 약 80년 전이다. 지난 40여 년 동안 이 견해는 압도적이고 지배적으로 공감대를 통제하였다. 세계관의 변화는 사회와 문화의 모든 부분에 영향을 끼쳤다. 그러나 가장 중요한 것은 그것이 정부와 법을 거의 통제하게 되었다는 사실이다. 그리고 정부와 법은 이 견해와 그 자연적 결과들을 대중에게 강요하는 도구가 되었다. 이것은 많은 영역들에서 볼 수 있는 사실인데, 특히 학교의 학생들에게 강요된 방식에서 잘 나타난다. 거의 전적으로 이와 동일한 세계관을 지지하는 대중매체도 여기에 가담하였다.

 4. 처음에 미국을 건국하였던 세계관은 이제 점점 더 정부와 학교 혹은 대중정보 수단에서 그 영향력을 행사하지 못하게 되었다.
  미국의 본래 기초로부터 나온 결과는 "자유와 정의 둘 다"를 누리는 가능성을 제공한 것이었다. 그리고 언제나 완전한 것은 아니었지만, 그것은 자유를 낳았다. 이것은 자유를 낳을 수 없는 견해를 가진 사람들에게도 자유를 부여하였다. 물질-에너지-우연의 세계관은 그 자유를 이용하여 공감대를 대체하고는 학교와 법원에서 원래 그 자유를 제공하였던 견해에 대하여 점점 더 자유를 제한하는 불관용의 입장을 취하였다. 인본주의 세계관을 주장하는 사람들은 법의 기초를 전혀 갖고 있지 않았으므로 어떤 시점에서 그들이 개인적으로 사회에 좋다고 생각하는 것은 무엇이나 법으로 만들었다. 이것은 점점 더 자의적인 법과 판결로 이어지며, 사회에 혼란을 야기하고 그 결과 점점 더 그리고 자연스럽게 일종의 독재주의로 흘러가는 경향을 보인다. 그런 지점에 이르면 이 나라가 처음에 갖고 있었던 것들은 상실되고 죽어버린다.

5. 지금 필요한 것은 전반적으로 다른 그 세계관과 대항하여 싸우는 일이다. 우리는 그 세계관이 궁극적 실재를 올바르게 파악하지 못하였다는 점을 깨닫고 그것을 명백히 밝혀야 한다. 그리고 우리는 그 세계관에서 나온 자연적인 결과들이 미국 건국의 토대가 되었던 것과는 정반대되는 것이라는 사실을 깨닫고 그 사실을 나타내 보여야 한다. 그 세계관은 오늘날 모든 사람이 누리고 있는 자유와 정반대 된다. 이 시점에서 필요한 것은 궁극적 실재에 대한 물질-에너지-우연 개념이 정부와 법을 독재적으로 장악하고 있는 현실을 깨뜨리는 데 필요한 단계를 취하는 것이다.

6. 그 결과는 모두를 위한 자유, 특히 모든 종교를 위한 자유일 것이다. 이것이 제1차 헌법개정의 원래 목적이었다.

7. 이런 자유 속에서 종교개혁에 기반한 기독교는 사상들의 자유시장에서 경쟁하게 될 것이다. 기독교는 더 이상 지금 당하는 것처럼 은밀한 검열을 받지 않을 것이다. 기독교는 개인들에게 하나님의 "복음"을 명백하게 제시할 수 있을 것이며, 동시에 정부와 사회에 통제와 자유의 균형을 위한 지속적인 기초를 제공해 줄 것이다. 그 기초가 바로 이 나라에서 자유를 가져다 주었다. 기독교적 세계관이 개인 구원과 사회에 있어서 독특한 총체적인 실체에 대한 진리라는

사실을 가르침으로, 삶으로, 행동으로 보여주는 것이 이 세계관을 지지하는 사람들이 감당해야 할 책임이다.

> 대저 우리의 허물이 주의 앞에 심히 많으며
> 우리의 죄가 우리를 쳐서 증거하오니
> 이는 우리의 허물이 우리와 함께 있음이라
> 우리의 죄악을 우리가 아나이다
> 우리가 여호와를 배반하고 인정치 아니하며
> 우리 하나님을 좇는 데서 돌이켜
> (하나님께 반역하여) 포학과 패역을 말하며
> 거짓말을 마음에 잉태하여 발하니
> 공평이 뒤로 물리침이 되고
> 의가 멀리 섰으며
> 성실이 거리에 엎드러지고
> 정직이 들어가지 못하는도다
> 성실이 없어지므로
> 악을 떠나는 자가 탈취를 당하는도다
> 여호와께서 이를 감찰하시고
> 그 공평이 없은 것을 기뻐 아니하시고
> 사람이 없음을 보시며
> 중재자 없음을 이상히 여기셨도다.[1]

> 깨어나라! 남은 것을 굳게 하며
> 죽게 된 것을 굳게 하라
> 이는 내가 내 하나님 앞에서 네 행위가 완전함을 발견하지 못하였음이라.[2]

---

[1] 이사야 59:12-16.
[2] 요한계시록 3:2 참조

참고문헌

본문에서 언급한 책과 논문과 필름과 음반들 목록

Ball, William Bentley, "Religious Liberty : The Constitutional Frontier", 1980년 4월 Ind. South Bend에서 열린 "기독교 법조인 대회"(Christian Legal Society Conference)에서 발표한 논문.

Blackstone, William. *Commentaries on the Law of England.* Chicago : Univ. Chicago Press, 1979.

Bracton, Henry De. *De Legibus et Consuetudinibus.* Cambridge, Mass. : Harvard-Belknap, 1968.

Bunyan, John. *Pilgrim's Progress.* (Many editions in print.)

Durant, Will and Ariel. *The Lessons of History.* New York : Simon and Schuster, 1968.

────────. *The Story of Civilization,* 10 vols. New York : Simon and Schuster, 1935−1967.

Dylan, Bob. *Slow Train Coming* (record), New York : CBS, Inc., 1979.

Ericsson, Samuel E. *Clergy Malpractice : Constitutional and*

Political Issues. Washington, D.C.: The Center for Law and Religious Freedom, 1981.

Finney, Charles. *Systematic Theology.* Minneapolis: Bethany Fellowship, 1976.

Fisk, James L. *The Law and Its Timeless Standard.* Washington, D.C.: Lex Rex Institute, 1981.

Guinness, Os. *The Dust of Death.* Downers Grove, Ill.: Inter-Varsity Press, 1973.

Humanist Manifestos I and II. New York: Prometheus Books, 1973.

Jackson, Jeremy. *No Other Foundation: The Church Through Twenty Centuries.* Westchester. Ill.: Crossway Books, 1979.

Knox, John. "A Godly Warning or Admonition to the Faithful in London, Newcastle, and Berwick", in *The Works of John Knox,* vol. 3. New York: AMS Press, 1966.

Kuehnelt-Leddihn, Eric von. *Leftism: From de Sade and Marx to Hitler and Marcuse.* New Rochelle, N.Y.: Arlington House, 1974.

Legge, Francis. *Forerunners and Rivals of Christianity from 330 B.C. to A.D. 330.* New Hyde Park, N.Y.: University Books, 1964.

Miller, Perry, ed. *The Legal Mind in America: From Independence to the Civil War.* Cornell, N.Y.: Cornell University Press, 1962.

Miller, Perry. *Nature's Nation.* Cambridge, Mass.: Harvard-Belknap, 1967.

Monod, Jacques. *Chance and Necessity.* New York: Knopf, 1971.

Peters, Charles. *How Washington Really Works*. Reading, Mass. : Addison-Wesley, 1980.

Pit, Jan. *Persecution : It Will Never Happen Here?* Orange, Calif. : Open Doors With Brother Andrew, 1981.

Plato. *Republic*. (Many editions in print).

Provine, William. B. "The End of Ethics?" in *Hard Choices* (*Hard Choices*라는 텔레비전 프로그램의 지침서로 나온 잡지). Seattle, Wash. : KCTS-TV, channel 9, University of Washington, 1980.

Ridley, Jasper. *John Knox*. New York : Oxford, 1968.

Rutherford, Samuel. *Lex Rex : Or the Law and the Prince.*

Sagan, Carl. *Cosmos*, 공영 텔레비전 시리즈물.

Schaeffer, Francis A. *Escape From Reason*. Downers Grove, Ill. : InterVarsity Press, 1968 (이성에서의 도피―생명의 말씀사 역간).

―――――. *He Is There and He Is Not Silent*. Wheaton, Ill. : Tyndale House, 1972 (거기 계시며 말씀하시는 하나님―생명의 말씀사 역간).

―――――. *How Should We Then Live?* Old Tappan, N.J. : Revell, 1976 (그러면 우리는 어떻게 살 것인가―생명의 말씀사 역간).

―――――. *How Should We Then Live?* (film). Muskegon, Mich., 1976.

―――――. *Pollution and the Death of Man : The Christian View of Ecology*. Wheaton, Ill. : Tyndale House, 1970 (환경오염과 인간의 죽음―생명의 말씀사 역간).

―――――. *The God Who Is There*. Downers Grove, Ill. : InterVarsity Press, 1968 (거기 계시는 하나님―생명의 말씀사 역간).

_____, and Koop, C. Everett, M.D. *Whatever Happened to the Human Race* ? Old Tappan, N.J. : Revell, 1979 (낙태, 영아 살해, 안락사에 대한 그리스도인의 자세—생명의 말씀사 역간).

_____, and Koop, C. Everett, M.D. *Whatever Happened to the Human Race* ? (film). Los Gatos, Calif., 1979.

Schaeffer, Franky. *Addicted to Mediocrity.* Westchester, Ill. : Crossway Books, 1981.

_____. *Plan for Action.* Old Tappan, N.J. : Revell, 1980.

_____. *Reclaiming the World* (film). 출시될 예정

Snyder, Howard A. *The Radical Wesley.* Downers Grove, Ill. : InterVarsity Press, 1980.

Whitehead, John W. *The Second American Revolution.* Elgin, Ill. : David C. Cook, 1982.

Woods, David Walker. *John Witherspoon.* Old Tappan, N.J. : Revell, 1906.

●프란시스 쉐퍼 시리즈●

기독교 철학 및 문화관

제1권	거기 계시는 하나님	The God Who Is There
제2권	이성에서의 도피	Escape From Reason
제3권	거기 계시며 말씀하시는 하나님	He Is There and He Is Not Silent
제4권	다시 자유와 존엄으로	Back to Freedom and Dignity

기독교 성경관

제5권	창세기의 시공간성	Genesis in Space and Time
제6권	궁극적 모순은 없다	No Final Conflict
제7권	여호수아서와 성경 역사의 흐름	Joshua and the Flow of Biblical History
제8권	기초 성경공부	Basic Bible Studies
제9권	예술과 성경	Art and the Bible

기독교 영성관

제10권	쉐퍼의 명설교	No Little People
제11권	진정한 영적 생활	True Spirituality
제12권	초영성주의에 맞서는 그리스도인의 자세	The New Super-Spirituality
제13권	시대의 요구에 부응하는 기독교	Two Contents, Two Realities

기독교 교회관

제14권	20세기 말의 교회	The Church at the End of the Twentieth Century
제15권	오늘날의 교회의 사명	The Church Before the Watching World
제16권	그리스도인의 표지	The Mark of the Christian
제17권	개혁과 부흥	Death in The City
제18권	위기에 처한 복음주의	The Great Evangelical Disaster

기독교 사회관

제19권	환경오염과 인간의 죽음	Pollution and the Death of Man
제20권	그러면 우리는 어떻게 살 것인가?	How Should We Then Live?
제21권	낙태, 영아살해, 안락사에 대한 그리스도인의 자세	Whatever Happened to the Human Race?
제22권	기독교 선언	A Christian Manifesto

사명선언문

너희가 흠이 없고 순전하여……세상에서 그들 가운데 빛들로
나타내며 생명의 말씀을 밝혀 _ 빌 2:15-16

1. 생명을 담겠습니다
만드는 책에 주님 주신 생명을 담겠습니다.
그 책으로 복음을 선포하겠습니다.

2. 말씀을 밝히겠습니다
생명의 근본은 말씀입니다.
말씀을 밝혀 성도와 교회의 성장을 돕겠습니다.

3. 빛이 되겠습니다
시대와 영혼의 어두움을 밝혀 주님 앞으로 이끄는
빛이 되는 책을 만들겠습니다.

4. 순전히 행하겠습니다
책을 만들고 전하는 일과 경영하는 일에 부끄러움이 없는
정직함으로 행하겠습니다.

5. 끝까지 전파하겠습니다
모든 사람에게, 땅 끝까지, 주님 오시는 그날까지
복음을 전하는 사명을 다하겠습니다.

서점 안내

광화문점 서울시 종로구 새문안로 69 구세군회관 1층
02)737-2288 / 02)737-4623(F)

강남점 서울시 서초구 신반포로 177 반포쇼핑타운 3동 2층
02)595-1211 / 02)595-3549(F)

구로점 서울시 동작구 시흥대로 602, 3층 302호
02)858-8744 / 02)838-0653(F)

노원점 서울시 노원구 동일로 1366 삼봉빌딩 지하 1층
02)938-7979 / 02)3391-6169(F)

일산점 경기도 고양시 일산서구 중앙로 1391 레이크타운 지하 1층
031)916-8787 / 031)916-8788(F)

의정부점 경기도 의정부시 청사로47번길 12 성산타워 3층
031)845-0600 / 031)852-6930(F)

인터넷서점 www.lifebook.co.kr